渠道管理的第一本书

The Manager's Guide to Distribution Channels

（美）琳达·哥乔斯　爱德华·马里恩　查克·韦斯特　著
　　（Linda Gorchels）　（Edward Marien）　（Chuck West）

徐礼德　侯金刚　译

图书在版编目（CIP）数据

渠道管理的第一本书 /（美）哥乔斯（Gorchels, L.），（美）马里恩（Marien, E.），（美）韦斯特（West, C.）著；徐礼德，侯金刚译 .—北京：机械工业出版社，2013.2（2025.4 重印）

书名原文：The Manager's Guide to Distribution Channels

ISBN 978-7-111-41556-5

Ⅰ. 渠… Ⅱ. ①哥… ②马… ③韦… ④徐… ⑤侯… Ⅲ. 企业管理—销售管理 Ⅳ. F274

中国版本图书馆 CIP 数据核字（2013）第 033215 号

版权所有·侵权必究
封底无防伪标均为盗版

北京市版权局著作权合同登记　图字：01-2011-3216 号。

Linda Gorchels, Edward Marien, Chuck West. The Manager's Guide to Distribution Channels.

ISBN 978-0-07-142868-2

Copyright © 2004 by The McGraw-Hill Companies, Inc.

This authorized Chinese translation edition is jointly published by McGraw-Hill Education and China Machine Press.This edition is authorized for sale in the Chinese mainland (excluding Hong Kong SAR, Macao SAR and Taiwan).

Copyright © 2013 by McGraw-Hill Education, a division of the Singapore Branch of The McGraw-Hill Companies, Inc. and China Machine Press.

No part of this publication may be reproduced or transmitted in any form or by any means, electronic or mechanical, including without limitation photocopying, recording, taping, or any database, information or retrieval system, without the prior written permission of the publisher.

All rights reserved.

本书中文简体字翻译版由机械工业出版社和麦格劳 - 希尔教育出版公司合作出版。

版权 © 2013 由麦格劳 - 希尔教育出版公司与机械工业出版社所有。

此版本经授权仅限在中国大陆地区（不包括香港、澳门特别行政区及台湾地区）销售。未经出版人事先书面许可，对本出版物的任何部分不得以任何方式或途径复制或传播，包括但不限于复印、录制、录音，或通过任何数据库、信息或可检索的系统。

本书封底贴有 McGraw-Hill 公司防伪标签，无标签者不得销售。

机械工业出版社（北京市西城区百万庄大街 22 号　　邮政编码　100037）
责任编辑：岳晓月　　　　版式设计：刘永青
北京建宏印刷有限公司印刷
2025 年 4 月第 1 版第 23 次印刷
170mm×242mm·13.25 印张
标准书号：ISBN 978-7-111-41556-5
定价：39.00 元

客服电话：(010) 88361066　68326294

前 言
The Manager's Guide to Distribution Channels

祝贺你迈出了改善经销渠道战略的第一步。通过阅读本书，你会发现一个可以用来开发、实施、评估和衡量渠道战略的结构体系。通过汇集我们在各个领域中的经验和独到观点，我们呈现给你的这本书已经超越了对各种理论和观点的总结回顾，而是上升为一套方法，使作为经理人的你激发出"真正的"想法，以满足当前市场的需求。

在变化的环境中进行管理

很多公司发现，即使拥有优秀的产品、强势的营销推广和合理的价格，但如果对渠道战略不给予充分重视的话，市场份额仍然会下降。本书在渠道和供应链的管理原则两个方面给经理人提供了切合实际的理解认识，帮助他们在当前的渠道形势下获得更多效益。诸如渠道的不断细分、新技术带来的影响以及在大型的渠道合作伙伴与传统的较小规模、区域性的运营商之间取得平衡，这些只不过是使渠道环境的变化速度越来越快的一部分因素。

贯穿本书始终的一个关键主题，是终端客户需求、期望和满意度在设计"进入市场"战略中的重要性。从保证产品能够顺利销售出去的终端客户及其需求入手，一个合理的渠道设计的蓝图慢慢浮现出来。跟随这幅蓝图的指引，再运用管理和监测持续的业绩表现的一系列工具，我们的企业会有强人的发展。

高效工具

本书不仅仅是用来阅读的，而且具有很强的实用性。你会发现本书提供了很多方法，解决诸如下面这些问题：

- 将渠道进行细分
- 更新现有渠道，管理多个渠道以及建立混合型渠道
- 选择适合的渠道合作伙伴
- 产品进入及通过经销渠道的销售方法

本书还提供大量的模板、检查表和工作表，包括：

- 经销商满意度调查范本（第 5 章）
- 备选经销商／渠道的评价模板（第 8 章）
- 某经销商商业计划提纲（第 10 章）
- 合作广告计划的范本（第 11 章）
- 全面深入的绩效评估表（第 12 章）

你还会在书中找到一些关于如何改善渠道培训项目和在你的经销商中建立有效的产品拥护者的建议。

实用的结构体系

本书会带领读者从战略和战术方面管理渠道开始，一步步走到怎样提高绩效上。对于什么是渠道、渠道是如何运行和利用的以及如何使渠道对你的企业更有效率这些问题，本书提供了一个实用且严谨的认识。

第一部分是对渠道结构的概述，提供给你"战略直觉"，以能够成功地把商业策略和渠道执行联系起来。这部分介绍了渠道重构的七个步骤，是本书后续内容的核心。

第二部分帮助高级经理人制定战略决策，这与确定渠道战略的蓝图有关，包括明确渠道和覆盖率的要求、进行渠道设计和选择合适的渠道合作伙伴。

第三部分给高级经理人提供了强有力的工具，使他们得以把注意力和资源集中到日常工作对渠道关系的持续管理中去。

目标读者

本书适合那些希望提高渠道的效率、将产品或服务更好地提供给终端客户的管理者和高级经理人。任何参与制定经销策略的决策或者实施决策的人员，都会从本书阐述的具体系统构架中有所收获。

致谢

感谢威斯康星大学商学院管理研究所，本书的三位作者都是其教职工，如果没有其提供的良好氛围，也不会有本书与读者见面。我们尤其感谢下面这些人，他们拓宽了我们的视野，在他们的帮助下我们形成了本书中的很多想法和工具，并加以提炼。

- 我们的老板提供给我们远比大学更重要的与实际相结合的经验和培训。
- 参与我们职业发展专题研讨会的各个领域高级管理人员坦诚地分享各自的见解。
- 我们提供咨询的客户使我们能够以业内人士的角度深入地了解他们面临的挑战和机遇。

毫无疑问，他们的共同贡献极大地提高了本书的价值。

此外，我们还要向以下人士致以谢意：

我们的编辑，来自 McGraw Hill 国际出版公司的凯瑟琳·达索波罗斯（Catherine Dassopoulos），还有 CWL 出版公司负责排版的约翰·伍兹（John Woods）及其团队。

我们的家人查克·戈乔斯（Chuck Gorchels）、辛迪·韦斯特（Cindy West）、珍妮特·马里恩（Janet Marien）的鼓励和支持，以及在本书编写过程中他们为家庭所付出的辛苦。

目录

The Manager's Guide to Distribution Channels

前 言

第一部分 渠道结构概述

第 1 章 理解分销渠道 /3

战略匹配 /4

管理问题 /13

渠道重构的各阶段 /18

本章重点 /19

第 2 章 渠道战略的影响因素 /21

渠道战略是企业整体战略的一部分 /22

影响渠道战略的外部因素 /25

影响渠道战略的内部因素 /33

本章重点 /40

第 3 章 供应链管理 /42

满足供应链交易合作伙伴的需求 /42

供应链核心流程 /49

本章重点 /49

第 4 章　法律问题和经销商合同　/ 51

专业术语　/ 52

营销策略的法律层面　/ 53

书面合同　/ 57

本章重点　/ 60

第二部分　战略决策

第 5 章　明确客户需求　/ 65

企业管理人员的产品路线图　/ 65

定义渠道和业务覆盖的需求　/ 66

开发渠道设计　/ 75

选择合适的渠道伙伴　/ 77

建立相互的绩效预期　/ 78

提高渠道效率　/ 79

监控绩效并调整计划　/ 79

本章重点　/ 82

第 6 章　渠道设计　/ 84

回顾渠道目标　/ 85

革新现有渠道　/ 87

多渠道管理　/ 90

建立混合渠道　/ 92

本章重点　/ 95

第 7 章　国际渠道设计　/ 97

瞄准世界市场　/ 97

评估不同的国际渠道结构　/ 99

选择正确的渠道伙伴 / 101

管理渠道 / 106

本章重点 / 107

第 8 章　选择合适的渠道伙伴　/ 109

搜索方法 / 110

评估你的候选渠道 / 113

招募并签约最好的候选者 / 115

本章重点 / 118

第三部分　建立与经销商的关系

第 9 章　了解经销商的世界：对供应商的启示　/ 123

经销商的定义 / 123

制造商的影响 / 124

变革的力量 / 125

制造商和经销商的区别 / 127

经销商运营的改变 / 130

制造商与经销商关系的改变 / 131

对制造商的战略启示 / 132

本章重点 / 134

第 10 章　建立共同的销售绩效预期　/ 135

传统上对角色的预期 / 135

制造商的商业计划 / 137

经销商计划 / 139

经销商特征档案 / 143

经销商如何评估制造商 / 146

渗透指数 / 146

本章重点 / 147

第 11 章　提高渠道效能　/ 149

提高渠道效能的六要素 / 150

对经销商的销售 / 150

选取产品拥护者或者产品线专家 / 154

培训你的产品线专家 / 157

经销商的销售培训 / 170

运用促销和广告 / 176

扮演企业顾问的角色 / 180

本章重点 / 181

第 12 章　绩效监控与规划调整　/ 182

绩效监控 / 182

调整 / 194

本章重点 / 195

关于作者　/ 197

第一部分
The Manager's Guide to Distribution Channels

渠道结构概述

第 1 章
The Manager's Guide to Distribution Channels

理解分销渠道

产品或服务如果想在市场上取得成功,就必然要涉及两个问题:客户到哪里购买和如何购买产品。此外,还必须要有什么支持、程序或者环境(具体的)来帮助潜在客户做出购买决策?客户是否需要在产品展示厅中观看和试用产品?产品从库存到立即交付的重要程度有多大?哪些渠道符合客户期望的购买方式?你的公司在这些渠道中效率如何,甚至这些渠道中是否有你的产品?

各家银行已经把分支机构开进了零售店,现在又提供电话和网络银行服务。一些行业中的公司已经加强了它们与大卖场零售商集团之间的传统渠道,以获得新的客户或给现有客户提供更多选择。这些变化正在推动各个企业检查自己的经销策略,做出战略或战术上的改变,或者两者兼有。图 1-1 中是分销渠道面临的各种问题。

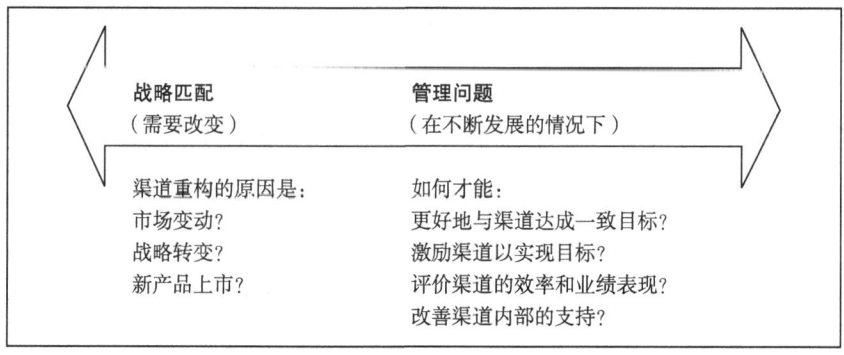

图 1-1 分销渠道面临的问题

战略匹配

戴尔公司一直以来注重通过直销渠道向客户销售产品，成为电话和网络直销的领导者。之后，戴尔把大型购物中心的摊位作为另一种销售方式。接下来，组装电脑（利用不同供货商提供的零件组装的无品牌电脑）开始迅速增长，这些电脑通过经销商销售给小型企业，刺激戴尔对这个渠道也进行评估。因为很多小型企业实质上把当地经销商看作自己的信息技术（IT）部门，所以它们不倾向于以直销的方式购买电脑。它们重视经销商所提供的培训、安装和维修服务以及面对面的直接交流。为了打开这一部分客户群体的市场，戴尔开始给美国的经销商供应不贴品牌的个人电脑。[1]

很多其他公司也曾经对渠道进行过战略调整。雅芳曾决定扩大其针对客户的直销渠道，因为雅芳传统直销渠道中客户的平均年龄正在慢慢增长。雅芳决定在JC彭尼商场（JC Penney）开设精品专卖店，以开拓更为年轻的工薪族的市场。雅芳新的零售直销客户目标定位是年龄在25～29岁的年轻女性，而其传统客户的年龄则是40～55岁。[2] 与此相似，各个行业的很多公司都已经针对特定的产品或客户，通过互联网扩展其传统的直销或者分销商销售渠道。

思考要点

终端客户是否是我做出渠道决策的出发点？
- 我是否考虑终端客户期望通过什么方式来购买我的产品？
- 我现有的渠道能否提供终端客户期望的价值？
- 目前渠道中有哪些方面可以提高或取消，以改善渠道？

渠道通常被定义为"参与到促使产品或服务可供消费或使用这一过程的相互依存的组织"。[3] 这一过程可以包括物流、仓储和（或）产品的所有权；售前、交易中和售后的活动；订单处理、信用审核和账款回收；还有各种各样的支持服务。市场营销渠道也被定义为"创造竞争优势的垂直价值增值链"。[4]

一家公司也许会使用多种多样的直销渠道和非直销渠道，直销渠道如直销队伍、电话销售、直邮、网络和公司经营的商店；非直销渠道如独立销售代表、分销商、经销商和零售商。制造商的销售代表或独立销售代表是一些个人或机构，其功能是作为公司的外部销售力量，有时也被称为经纪人或代理商。这些组织把卖方和买方连接到一起，一般情况下并没有所有权，而是通过提取佣金获利。大多数行业的销售代表会同时代理若干公司的但没有互相竞争关系的产品，但消费品行业的销售商不是这样。

分销商和批发商一般是以折扣价购买到产品，然后再把产品卖给客户；客户可以是经销商、集成商、制造商或者终端客户。分销商的特殊类型包括增值经销商（VARs）和经销商。表1-1是与分销渠道有关的一些常见术语及其定义。值得注意的是，各种类型中间商之间的区别日趋模糊，而制造商与具有必需的渠道功能但不一定属于传统渠道的企业签约合作，也正在创造混合型渠道。

表 1-1 与分销渠道有关的常见术语及其定义

大型零售商	重视销售量但不提供专业服务的中间商，例如沃尔玛和家得宝（Home Depot）
经纪商	独立销售人员（一般在消费品行业），联系买卖双方谈判产品买卖合同的价格。例如食品、服装和卫生保健行业
采购集团	从经销商或制造商大量购买产品的多家公司所属的松散机构，主要为获得批量折扣。有些可能是合作社
目录公司	购买并储存一系列产品，通过纸质或电子产品目录进行销售的公司
渠道	一组既相互独立又相互依赖的组织，共同参与到产品和服务的流动并销售给终端客户的过程。也可以称为分销、营销或销售渠道（网络）
经销商	独立的代理销售商，一般会获得一个至若干个供应商的授权许可以给终端客户提供支持，例如重型设备经销商和汽车经销商
出口管理公司	国际性的经纪人或独立销售组织
特许经销商	获得授权或许可，负责主公司的产品或服务在特定地区销售的公司，通常有商标或品牌权利，需支付特许经营费，例如快餐连锁经销商

（续）

百货分销商	购买、储存大量各种类型的产品，并销售给终端客户和经销商的公司
混合型渠道	非传统渠道，由某领域内的不同公司将其各自功能（如销售、交付、安装、维修等）拼凑组合而成，也可以称之为合成渠道。例如，某管道公司可能会在家得宝超市销售产品，而把安装和服务交给签约承包商
独立代理商/机构	提供专业销售服务的公司，使制造商的产品在当地市场进行良好的市场覆盖，一般没有产品的所有权或没有产品库存，也可以称为制造商代表或代理商、销售代表、经纪商或代理公司。消费品行业销售代表经常会代理互相竞争的几个产品，而其他行业的销售代表更为适应于代理形成互补的几个产品
影响者/专家	通过其专业意见影响产品流动的公司或个人，例如建筑师、设计师、咨询师
集成商	向终端客户提供咨询服务、整体系统和安装服务的企业
批销经纪人	提供有限服务（如送货、货架、库存和财务）的批发商
总代理商	购入大量库存，供应给较小经销商和代理商的分销商
MRO 分销商	提供维护、维修和运营物料的分销商。MRO 的另一种称呼是设施维护供应品，例如固安捷公司（W. W. Granger）
项目外包	与在某个领域提供专业服务的公司建立合同确定合作关系的过程。例如，制造商与分销商订立合同，由分销商负责管理维修零件仓库
货物流通	产品通过明确的运输和储存网络，最终流动到客户手中的过程，也被称为物流
经销商/中间商	购买产品并转售的公司
专卖经销商	提供专业服务的经销商，例如技术支持，以及购买、储存和转售产品
仓储式经销商	备有库存的公司。大多数经销商和一些独立代理商都会备有一定库存，但有部分分销商是零库存分销商

（续）

供应链	从原材料供应商开始，经过制造商、仓储和分销商等环节到终端客户手中的网络
系统集成商	为复杂的面向系统和解决方案的产品提供技术支持的一种增值经销商
增值经销商（VAR）	将产品和服务捆绑起来为终端客户提供"一站式销售"的分销商
价值链	一家公司及其交易伙伴为给客户提供具有竞争力的价值而进行的所有主要活动（例如采购、经营、物流等）
垂直整合	一家公司扩展经营业务覆盖整个渠道的所有业务（一般是通过收购另外的公司实现），而不是利用渠道中独立公司的服务的决策
批发商	将产品销售到消费市场的分销商

当要对市场动态的变化做出反应、进行战略转变或上市新产品的时候，就需要进行渠道重构或细化，如图1-2所示。

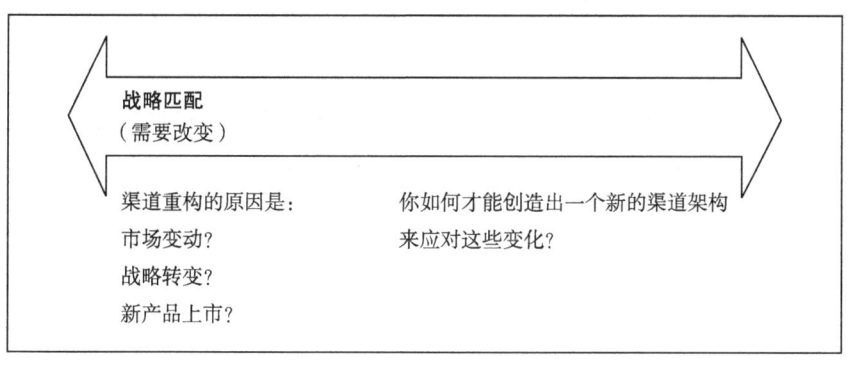

图1-2 战略匹配问题

市场变动

互联网的迅速发展已经给渠道功能造成比近期的其他所有外部问题更为显著的影响。虽然"去中介化"（即通过互联网的专用权从而越过渠道中间商）的概念受到很大质疑，但毫无疑问互联网会继续在渠道（或供应链）中扮演一个重要的角色。批发商直接发运的方式已经被传统目录零售商使用很多年，但也随着网上购物的增加而取得增长。英迈国际（Ingram Micro）是 IBM、惠普（HP）和东芝等电脑公司的分销商，很久以来就给向他们订货的零售商以直接发运的方式进行销售。然而，在美国直接发运的订单中，英迈国际订单的比例从电子商务兴起之前的 70% 上升到 2003 年的 84%。[5]

对于通过大量零售渠道进行销售的制造商，互联网是效率更高的订单和库存管理过程。例如沃尔玛超市宣布将要求其 10 000 家左右的中型供应商通过互联网使用一套名为 EDI-INT AS2 的通信协议（电子数据交换或 EDI 系统）与之联结。[6] 电子标签（RFID）也是一种数据采集技术，已经开始影响渠道的生产率。销售点终端系统（POS）和安装点终端系统（POI）这两项技术提供了重要的数据，以供管理新产品的导入、库存水平，还有及时掌握促销的结果如何。沃尔玛已经要求主要供应商在 2005 年之前将电子标签系统投入应用。各种各样的技术手段正在改变着制造商和经销商之间的关系，以及其中销售员的角色。

在其他一些情况下，消费者在做出重大的购买决策之前，比如买车，会使用互联网来收集信息。面对越来越老练的终端客户，制造商需要与渠道一起合作提供最好的信息和销售培训或支持。

互联网也给 B2B 渠道带来影响。有些制造商给经销商提供电子商务工具，将经销商纳入自己的网站。例如霍尼韦尔公司向其暖通空调制冷设备（HVACR）经销商提供一个个性化定制的网站 E-StorePro，帮助经销商把设备零件和服务销售给承包商。网站的主页专门面向承包商，网站上有霍尼韦尔公司目前的产品目录，并且支持在线销售设备零件和服务。[7] 互联网被用作提高经销商和终端客户关系的工具的情况越来越普遍，因为 B2B 渠道的一个重要资产就是与终端客户关系的好坏。

除了技术，政策法规的变化可能也会促使一家公司或一个行业重新考虑传统的市场营销渠道。例如 1999 年通过的《格雷姆－里奇－比利雷法案》，取消了对金融机构的限制，并促进银行、证券和保险公司业务的合并。这个法案带来新的营销渠道。[8] 全美金融服务公司（Nationwide Financial Services）瞄准了注册公共账户，将其视为退休保险和其他金融服务新的营销渠道。保险公司通过银行销售自己的产品，导致专业保险公司的经纪人在人寿保险的销售份额下降。[9]

随着产业联合方向的变化，产业布局正经历着重大变革。有些经济学家预测许多主要的行业领域将会被若干个大型分销商主宰，而买方会减少交易的分销商。集成化供应、合同销售和逆向拍卖都将会影响增值销售的观念。[10] 这些变化引起企业战略的转变，继而引起众多组织的渠道战略的转变。

战略转变

理想情况下，制造商能够在战略相容性的基础上选择分销商。然而相容性会受到外部因素（如上节所述）和内部因素诸如合并和收购，或者扩张到新的市场或行业的影响。

企业通过合并和收购进入新的市场，获得生存或运营能力，或者得到其他能够提高自己竞争优势的方法。例如西尔斯公司（Sears）在 2002 年收购了兰斯恩德服装公司（Lands' End），获得一整条服装产品线和直接营销的经验，同时兰斯恩德公司通过西尔斯公司的品牌直销购物中心获得新的市场。

然而在大多数情况下，一般很少有人会考虑获得的渠道是否相互"匹配"。在重新评价渠道战略时，必须要确定下面这些问题：

1. 不同细分客户的期望
2. 抢占客户的方法
3. 针对新旧中间商的技巧和合同条款
4. 产品线的销售要求

正如前面戴尔电脑的案例，许多小型企业（尤其是没有 IT 部门的企业）可能会偏向从不仅销售产品并且提供相关服务的公司购买电脑。这些客户中相当一部分对直销渠道不满意。你的客户对现有渠道满意度如何？问一问自己下面的问题：

- 你的目标客户喜欢一次性购买一堆产品吗？（可能甚至从竞争公司购买）
- 他们是否希望每周 7 天、每天 24 小时随时能下订单？
- 他们是否希望对产品进行测试或看到演示？

- 他们是否希望获得能够满足独特需求的个性化定制产品？

在根据客户喜好来制定"进入市场"策略时，确定怎样来保持竞争优势也非常重要。例如，如果一个间接渠道最能满足客户需求，那么竞争对手也在渠道中的可能性是非常大的。因此，你的成功将有一部分要依靠于激励渠道成员执行你的产品营销计划的能力。

有时候保持竞争优势的最佳机会是混合型渠道。例如捷威公司（Gateway）的渠道，就是戴尔的直销渠道和惠普公司大量零售商渠道的交叉组合。捷威公司的方法允许客户定制电脑，同时还可以看到产品实物，并与销售员面对面交谈。

沃尔沃—通用重型卡车公司（Volvo GM Heavy Truck Corporation）也创造了一个混合型渠道。沃尔沃公司发现尽管经销商能够很准确地预估预定维修需求，但是对紧急路边维修的需求的预估就不是那么准确了。因此，沃尔沃公司在孟菲斯市（Memphis）建立一个仓库，储存卡车的所有零配件，并签约联邦快递（FedEx）负责必要的快递服务。[11] 在上面这两个案例中，都是在调查客户需要的"功能"并确定提供这些功能的最佳方法时，对渠道设计进行改变，即使这个过程要超越"传统的"渠道结构。

在某些情况下，竞争优势源自于选择正确类型的中间商——给目标客户提供最适合的服务的中间商。如果你从"购买分销服务"的角度，而不是"通过分销渠道销售"的角度来思考，你的关注点会转换到最能满足终端客户需求的服务（或功能）类型上。如果客户想看产品实物，销售渠道就必须有产品展示厅；如果客户希望能迅速、便捷地购买并带走产品，销售渠道需要有数量众多的销售点；如果客户希望能送货和安装，销售渠道能否提供这些服务就至关重要。

确定了渠道的必要条件之后，决定如何更好地满足渠道的这些条件是很重要的。哪些服务你的公司可以（或应该）提供，哪些服务中间商可以（或应该）提供？即便你确定成本效益最高的方式是付钱给渠道（如分销商）来提供这些服务，你的公司也必须监控服务的质量，避免对品牌造成损害。一定要记住，成本效益并不总等于长期获利。

当一家公司有一条以上的市场渠道，潜在地就会存在渠道竞争。有些经销商对针对同一群终端客户但价格更低的其他渠道会非常恼火。因此，公司通过各种策略来尽量减少潜在冲突。其中一种方法是按照客户类型将渠道相互隔离，例如一条渠道注重医院，而另一条渠道可能以工业公司为中心。

另一种方法是当冲突发生在公司的直销队伍和独立销售队伍之间时，可以规定某些客户是关键客户，专门由公司的销售队伍负责处理，或者如果必须要渠道负责后续工作，则适当地对渠道进行补偿。

新产品上市

新产品上市有时需要转变渠道战略。中间商的类型甚至某个渠道合作伙伴，都可能给新品牌带来正面或负面的影响。渠道提供技术支持、客户服务或者某种品牌"光环"的能力都需要予以考虑。

当耐克公司推出新款运动鞋的时候，一般会在诸如耐克城（Niketown）之类的品牌直销购物中心销售，以保持比同类产品更为时尚的形象。而旧款的耐克鞋则在大众化的折扣渠道销售。

当 Huffy 公司在 20 世纪 90 年代推出新款 Cross Sport 自行车时，发现了错误的渠道匹配的危险性。

这家价值 7 亿美元的成功的自行车制造商在推出 Cross Sport 之前做了仔细的调研。Cross Sport 是一款广受青少年喜爱的坚固的登山自行车与细骨架、灵巧的竞赛自行车的结合体。

Huffy 公司进行了两个不同系列的市场焦点小组座谈会，在全国的大型商场里随机选取儿童和成人观看自行车并评比。自行车获得了购物者的认同，目前看起来情况还不错。1991 年夏天，Cross Sport 自行车送进了凯马特公司（Kmart）和玩具反斗城（Toys 'R' Us）等大型连锁零售商店，Huffy 公司的大部分生意都是通过这些公司。

但是此举却是错误所在。Huffy 公司董事长、首席执行官理查德·莫伦（Richard L. Molen）解释说，调研人员遗漏了一个关键信息。这种特殊的混合型自行车锁定成人市场，其价格（159 美元）也比 Huffy 公司其他自行车高 15%，需要具有丰富自行车知识的销售员给予个别关注,而这种销售员只会在自行车专营店才有。

莫伦说,期望大型零售商店里的普通销售员来销售 Huffy 公司的 Cross Sport 是"一个价值 500 万美元的错误"。到 1992 年,Huffy 公司已经把 Cross Sport 的产量降低 7%,然而获利则下降了 30%。[12]

其他因素

可能还有其他一些关于品牌的问题需要一名渠道经理考虑:如何找出渠道合作伙伴?你是否会提供给它们商标,表明它们与你的公司之间的联系?获得商标的使用权有没有明确的必要条件?使用你的品牌会使你的合作伙伴获利吗?你能否从品牌共享的关系中获利?在产品生命周期中,渠道的活动和要求如何变化?

即使没有公司并购或新产品上市之类的战略转变,渠道的要求也可能随着产品在生命周期的不同阶段而改变。刚面世的产品在上市销售的时候,需要比生命周期其后各阶段更多的预付款,所以一直保持最初的渠道战略可能并不合适。

一项由《营销与销售管理杂志》(*Sales & Marketing Management Magazine*) 发起的调查发现,在活动调查反馈的公司中超过 60% 都曾根据一个产品的生命周期的要求而转变销售渠道。[13] 而且大多数公司都会有很多产品分处于各自生命周期的不同阶段,所以多渠道战略往往是必要的。

公司可以利用专业渠道进入新的、较小的市场或者利基市场,然后再转向更广泛的渠道,进入更大的成熟市场。专业渠道提供增值功能,比如技术、科学或工程技术(例如直销渠道或专业的制造商销售代表),产品线专家,或展示厅(例如增值经销商或专营分销商)。

这些类型的渠道对引入新产品和支持客户群选择有重要作用。当产品日趋成熟和普遍,需要较少的演示或技术支持,就适合于更广泛的渠道,比如目录公司或大型零售商店。这些渠道提供立即可得的产品,但是没什么支持服务。

思考要点

分销渠道发生什么样的改变时有必要考虑策略转变?

- ▶ 我是否在利用互联网和其他技术来改善与渠道和终端客户的关系?
- ▶ 在研究战略计划的时候,我是否常规地检查渠道匹配?
- ▶ 我现有的销售渠道是否提供了一个竞争优势或者克服了一个竞争劣势?如果没有,能不能通过对功能或服务进行转变或加强来产生优势?
- ▶ 在新产品上市的时候,是否考虑了渠道结构的适宜性?

管理问题

有了合适的渠道结构之后,企业必须要支持持续的销售工作,在目前的基础上还有很多其他重要问题需要解决。

许多公司不知道它们的经销商的需要或者应该提供什么样的支持。如图1-3所示,改善与渠道合作伙伴关系的第一步是评估它们的需求,设法使双方的目标取得一致。下一步是激励经销商实现双方认可的共同目标,并提供合适的支持。最后一步是评估经销商的业绩表现,这样才能在必要情况下采取正确的行动。

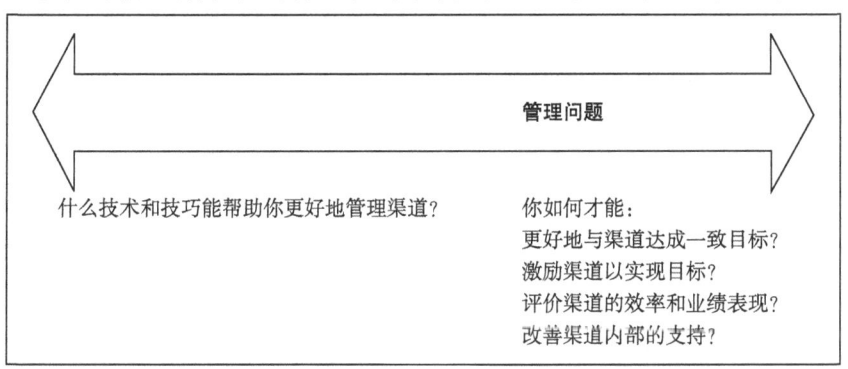

图1-3 管理议题

设定一致目标

正如本章前面所提到的,有些经销商有大量库存,而另外一些经销商则注重把技术支持作为其商业模式的一部分。制造商不能期待一家独立的公司因为一个理由就改变其战略目标，除非这个理由对它的整体业务有利。

因此，达成一致目标的第一步就是确保经销商的商业模式与制造商的战略目标相符。在"正确的"渠道或渠道成员确定之后，就要为产品和客户要求的产品支持、各种服务和功能而设定实际可行且双方认可的目标。

总部位于纽约长岛的美国国际联合电脑公司（Computer Associates）尝试着促进设定一致的目标。它要求渠道合作伙伴提供简短的商业计划，根据双方期望的投资额和收入设定共同的预期。[14] 公司设定的其他目标还有客户满意度、稳定的业务关系或后续服务。

激励渠道成员

在共同设定目标之后，渠道经理必须吸引经销商努力去实现目标。最基本的，经销商和其他中间商想要与其业务"相匹配"的优质产品、可接受的存货政策、足够的报酬、制造商兑现承诺，还有互相信任。除此之外，在短期内为了刺激销售，还可以利用折扣、促销和担保等方法。

下面三种折扣适合在渠道中使用：总额折扣、长期合约和功能折扣。

总额折扣是给大批量购买商品提供额外的财务刺激，不管是一次性订单（非累积）还是长期购买（累积）。总额折扣比较适合需要密集分销渠道和立即交付的商品。但是总额折扣给分销商报酬是根据分销商如何"购买"，而不是如何"销售"。

累积折扣也被称为长期合约，是希望与渠道成员建立长期稳定的业务关系。长期合约包含一个统一价格（平衡市场中价格剧烈波动的高价与低价的价格，如能源输送），或保证在某段时期内不涨价。

功能折扣是给予提供特定服务的渠道成员的费用，有时也称之为基于活动的报酬。如果你的产品需要一些特定的支持服务来提高在市场中的销售效率，例如展示厅、安装服务等，就适合使用功能折扣。

促销包括短期内为刺激销售而采取的活动。促销活动可以鼓励渠道成员超越分配的销售配额，改善低迷的旺季销售，推动滞销产品，获得新客户或销售新产品。

例如销售竞赛就是一种促销活动，可以用来激发经销商对新产品上市的热情。销售竞赛奖励的选择可能会有困难，因为不同的经销商会重视不同的方面。因此有的公司实行"自助式激励计划"，允许渠道成员选择自己需要的奖励。奖励可以包括全部或部分免费的培训、额外的广告补贴、免费商品和更大的合作广告空间，此外还有旅游和现金奖励。

奖励也可以设计得更有创意，总部位于底特律的工业产品制造商埃文斯工业公司（Evans）曾有一个经典案例。当公司正在集体讨论寻找一个划算的方法来刺激经销商的销售时，加利福尼亚州的彩票大奖累积到了2 000万美元。埃文斯工业公司"买了几百张彩票连同一封信一起寄给经销商……声称赢得彩票和销售埃文斯的产品都会让经销商成为百万富翁"。[15]

对终端客户做出的担保，有时会使经销商销售产品变得简单。这一点最明显的体现就是对新产品承诺延长保修期。促销奖励基金（SPIFFs）是奖励给经销商销售员的额外报酬，鼓励其推销某个制造商的产品而不销售其他竞争产品。不过，必须小心避免导致销售员为获得报酬而销售给客户不合适的产品，这会给产品的长期品牌价值带来损害。

支持工具和计划

渠道管理中一个决定性的部分就是保证支持性基础（帮助渠道成员取得成功的工具和计划）的准备就绪，主要类别包括促销支持、销售和技术支持、培训。

促销支持包括拉引策略和推动策略。拉引策略是设计来鼓励终端客户产生购买欲望，从渠道内拉动产品；推动策略试图鼓励渠道成员把产品向渠道下游推动给客户。

拉引策略包括制造商操作广告、公告关系和商务展览活动，以提高客户对产品和品牌的知晓度和倾向性。当渠道的积极性较低或拉引新客户能重新激发渠道的兴趣时，这种策略尤其重要。例如，全国性广告和公共关系活动、商务展览、新闻发布会和网站信息可以鼓励客户在渠道中寻找产品或服务，由此激励其渠道成员更大的兴趣。

推动策略是提供支持以鼓励经销商与客户建立更加紧密的关系，提供的支持包括促销基金（促销补贴和合作广告）、客户促销和相关宣传材料。促销基金指的是给予经销商的补贴或资金，供经销商在自己区域进行营销活动。合作广告是指当渠道成员为制造商的产品做广告宣传的时候，由双方共同承担广告费用。这两者一般都是制造商产品销售额中一定的比例，也都是试图鼓励经销商去激发区域层面的需求。客户促销是诸如本地补贴、特价促销和客户竞赛等活动，帮助渠道成员销售更多产品。

相关宣传资料的设计既可以针对渠道，也可以针对终端客户。针对渠道的宣传资料要强调渠道所能获得的利益，例如增加交易额、减轻生意压力或者更高的利润。

而供渠道中客户使用的宣传资料强调的着眼点应该是终端客户的利益。这种经过"转手"的资料要有很高的适应性，这样个别的经销商和交易商在将资料提供给客户之前可以加入自己的联系信息等。有时候最简单的方法是把模板提供给渠道，方便其迅速进行更新。不管中间商是医生、承包商或者其他有关的渠道成员，这都是一个可行的方法。

转手资料包括预先印好的直接邮寄广告、配套元件、广告标识、目录、产品列表、视频、简报和 CD 光盘。渠道经理应该在适当的地方加入品牌识别准则。

销售和技术支持计划也是支持性基础的一部分。渠道合作伙伴通过合作或团队销售拜访时，可能会需要帮助达到交易，或者需要协助解决客户遇到的技术问题。在大型复杂的销售情况下，这种需求显得尤为实际。但是即使在对技术要求不那么高的销售中，渠道成员仍然可以从与外部的联系或 24 小时销售电话服务中心获得帮助。最基本的要求是，渠道经理应该决定不同类型的渠道需要什么水平的支持。

支持性基础的最后一个方面是培训，包括产品培训和技能培训。产品培训提供给渠道成员关于制造商产品的特点、利益和竞争定位等基本知识。技能培训关注具体技巧，比如销售、市场营销、业务管理或库存管理。销售培训帮助渠道合作伙伴立即"如何"销售制造商的产品。市场营销培训对渠道合作伙伴进行广告基础知识、经营方法、店面展示、交叉销售和传播政策的培训，提高渠道合作伙伴的业务绩效。

市场营销培训可以为战略、人力资源计划、下一步的议题和财务管理提供方向。库存培训可以帮助经销商预估、补充和控制库存。所有这些方法都可以用来改善渠道的表现。

绩效衡量

渠道取得成功取决于监控绩效表现、获得可靠反馈和必要时采取正确的行动。一般来说，对每一个渠道成员都要根据预定目标的达成情况进行绩效评估。但是评估首先要找到最合适的衡量标准。绩效评估的标准对所有渠道成员保持一致，渠道成员理解衡量标准并认真负责地收集和提供相关信息，这是非常重要的。

获得渠道的反馈对于加强与终端客户的联系、找到可改进的潜力点、维持相互信任也有非常重要的作用。通过正式或非正式的市场调研，或者由挑选出的经销商（经销商顾问委员会）或销售代表（销售代表顾问委员会）组成的领导委员会，可以获得渠道反馈。这些组织可以提供新的产品思路、市场形势的变化，以及推荐的过程改善。

思考要点

我是否利用最好的方法来管理渠道？
- 我是否理解渠道合作伙伴的商业模式，并且尝试充分利用而不是去改变他们的商业模式？
- 我是否为渠道设定了可实现的目标？
- 折扣是否被作为激励分销商做出期望的行为的一种方法？
- 销售促销是否被限制于短期刺激活动？
- 是否有一个可靠的支持性基础来管理渠道？
- 我是否为渠道制定了具体的、恰当的绩效评价标准？

渠道重构的各阶段

参与渠道战略的个体必须要知道渠道设计的战略（计划）和管理（实施）问题。本书的后续内容将按照渠道重构的各个阶段（见图1-4）归纳整理这些问题。

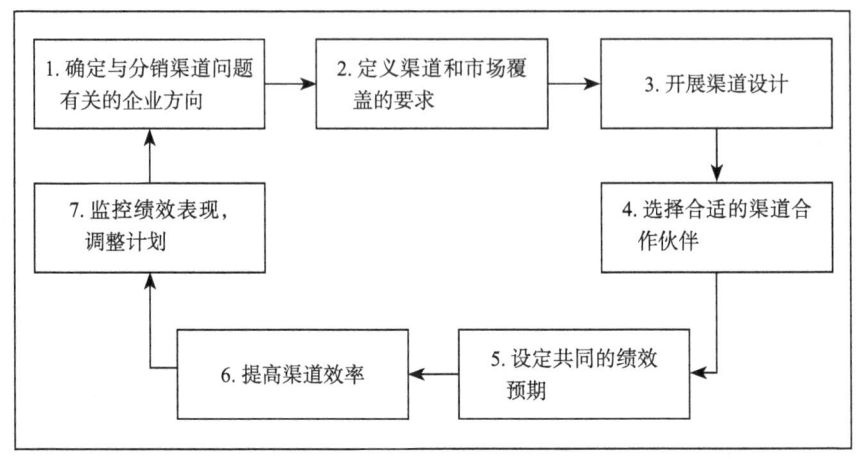

图1-4　渠道重构的各阶段

接下来的三章内容是对分销渠道问题的总体概述，相当于第一阶段：弄清楚与分销渠道问题有关的企业方向。第2章"渠道战略的影响因素"详细描述了第1章所介绍的战略匹配的因素，重点谈到当今的商业世界正在发生什么样的变化，导致企业重新思考自己的分销渠道战略。一个给渠道战略带来影响的显著变化就是供应链管理的出现，这个话题将在第3章进行讨论。供应链管理的理念迫使经理人从更加宽广的视角来考虑自己的竞争优势，要思考如何改善产品从原材料到终端客户的流动，而不是只看到自己的公司。第4章介绍经销商和制造商的关系中的法律问题，重点在于预防问题出现，而不是打官司。

本书第二部分内容是关于战略决策，也是渠道重构模型接下来的三个阶段。第5章研究与确定渠道和市场覆盖的要求有关的众多问题（第二阶段），包括主动防御措施和应对措施，以及经销商满意度调查问卷的模板示例。第6章和第7章重点介绍开展渠道设计（第三阶段）。第6章是关于解决国内的渠道设计问题，第7章是关于处理国际性问题。第8章讨论如何选择合适的渠道合作伙伴（第四阶段）。

第三部分内容是在渠道重构其余各阶段中管理日常关系。第 9 章是理解分销商，第 10 章是设定共同的业绩预期，这两个章节是第五阶段。第 11 章介绍了设计和实施的程序，为完成第六阶段提供实用的思考方法。最后，第 12 章帮助完成渠道重构的最后一步，监控绩效表现，并相应地调整计划（第七阶段）。

本章重点

- ▶ 紧跟客户希望的购买产品的方式所发生的变化
- ▶ 创造性地探索新的进入市场的方法
- ▶ 针对市场的转型、战略转变、新产品上市和产品及市场需要的变化，判断是否必须对分销渠道进行改进
- ▶ 保持在渠道内对品牌价值的控制
- ▶ 为不同的渠道提供不同的产品，尽量减少渠道间的冲突
- ▶ 使你的目标与渠道的目标相一致
- ▶ 为渠道提供适当的具有激励性的刺激
- ▶ 确保建立完整的支持性基础
- ▶ 评估绩效，并准备在必要时采取正确的行动

注释

1. Gary McWilliams, "In About-Face, Dell Will Sell PCs to Dealers," *Wall Street Journal,* 20 August 2002, p. B1.
2. Alicia Zappier, "Avon to Unveil new Cosmetics Line at Sears, Penney Beauty Centers," *Drug Store News*, 30 October 2000, p. 39.
3. Louis W. Stern, Adel I. El-Ansary, and Anne T. Coughlan, *Marketing Channels*, 5th ed., (Upper Saddle River, N.J: Prentice Hall, 1996), p. 1.
4. Ibid, p. 26
5. Donna Fuscaldo, "Looking Big," *Wall Street Journal,* 28 April 2003, p. R7.
6. Jennifer Kuhel, "Attention Wal-Mart Suppliers," *Supply Chain Technology News*, November 2002, Web site: www.supplychain-tech.com.
7. John R. Hall, "Honeywell Launches Online Contractor Services Program," *Air Conditioning, Heating & Refrigeration News,* 12 August 2002, pp. 29-32.

8. Trevor Thomas, "Nationwide to Distribute through CPAs," *National Underwriter,* 20 May 2002, pp. 16-17.
9. Trevor Thomas, "And the Distribution Winners Are ..." *National Underwriter,* 12 November 2001, pp. 88-91.
10. James P. Morgan, "No More Magic," *Purchasing,* 1 May 2003, pp. 17-21.
11. James Narus and James Anderson, "Rethinking Distribution: Adaptive Channels," *Harvard Business Review,* July-August 1996, p. 114.
12. Christopher Power, "Flops," *Business Week,* 16 August 1993, p. 79.
13. Lambeth Hochwald, "Tuning in to the Right Channel," *Sales and Marketing Management,* March 2000, pp. 66-74.
14. Julie Chang, "Grab Your Partner," *Sales and Marketing Management,* July 2002, p. 59.
15. Shari Caudron, "Guerrilla Tactics," *Industry Week,* 16 July 2001, p. 54.

第 2 章

The Manager's Guide to Distribution Channels

渠道战略的影响因素

商业计划程序通常需要解答一些基本的问题：目前我处于什么位置（形势分析）？我要去哪里（目标）？如何到达目的地（实现目标的计划）？需要什么条件来实现目标（你实施计划和评估计划实施的跟踪指标所需要的资源和支持）？

接下来的三章会帮助你思考前两个问题，将整体企业战略与渠道问题相联系。换句话说，通过探究影响渠道战略形成的内部和外部因素，你将开始渠道重构和细化程序中的第一阶段（见图 2-1）。

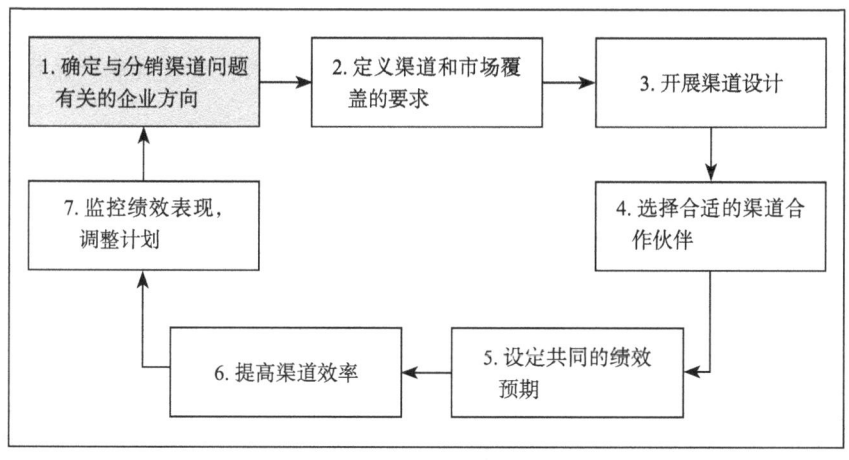

图 2-1　渠道重构的第一阶段

渠道战略是企业整体战略的一部分

对于渠道的设计和实施中为什么需要弄清楚企业的方向，第一阶段给出了充足理由。在本章中，我们鼓励你去研究并改善目前分销战略和商业计划的渠道。根据不断出现的挑战和各种因素制定出的计划，对产品能够销售给个人、企业消费者以及终端用户，也就是"最终消费者"，起着关键性的作用。

图2-2中是常见的战略制定过程。因为渠道战略是企业整体战略的一部分，所以回顾一下基本的因素是很有帮助的。在图2-2中，战略制定过程的第一步是分析目前形势。通过对内部和外部影响因素进行情景评价，评估关键因素对未来经营的影响。把你想到的所有可能出现的情况都进行分析。

尽管本章主要是详细阐述前面章节中提到的形势分析，但也会论述制定商业和渠道战略流程中的后续环节。下面有一些基本的问题，需要根据你的公司情况回答，以勾画出企业目前的业务模式。

- 公司的主要企业战略是什么，渠道战略如何补充和支持其他战略？
- 公司是否为了改善运营管理，而正在努力地调整内部流程以消除浪费、缩减开支？公司是否正在努力争取成为行业内成本最低的公司？
- 公司是否力求以客户为中心，甚至在制定战略时以终端客户即消费者为中心？
- 公司是否正在努力改变产品经营理念来获得增长？如使现有产品线合理化，重视高产出的重点产品？
- 产品生命周期管理是否是管理新产品引入、成长期产品快速增长、衰退期产品转变的推动力？
- 对一般由大客户推动的海外业务，公司是否试图扩大业务？
- 公司是否正在努力通过兼并和收购来壮大自己？

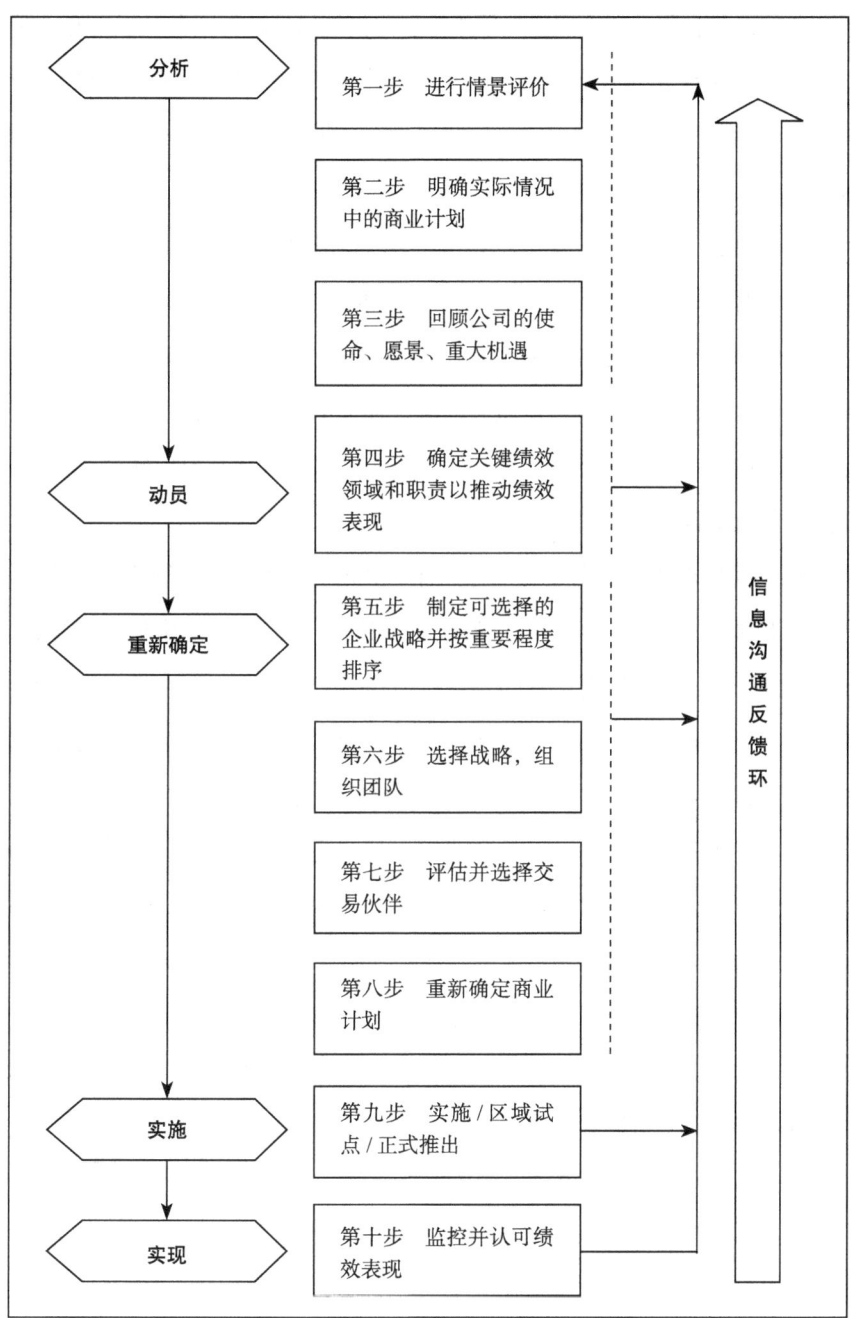

图 2-2 战略的发展历程

在评价各种因素和分析业务模式的时候,请回顾一下你的公司的使命和愿景(见图 2-2 步骤三)。企业的使命说明了企业为何而存在——它最根本的目的是什么？企业的愿景表明公司管理层希望领导公司去往何处，例如在三年内的目标。

目前的业务模式与未来愿景之间有没有什么区别？换句话说，如果把公司的目前状况与期望若干年后实现的目标状况做个比较，哪些关键经营因素会影响实现未来目标？

例如有些公司就发现，要实现公司愿景中的长期目标，就必须转变渠道。与其他公司进行联合，建立互利关系，从而利用其销售渠道来销售产品已经成为一种趋势。例如西尔斯公司在2002年对兰斯恩德服装公司的收购对双方都有利。西尔斯通过收购获得了一个著名的服装品牌，而兰斯恩德服装公司通过西尔斯公司的品牌直销购物中心获得了新的客户。不管怎么样，渠道战略的转变仍然是两个企业的商业战略转变的一部分。

其他公司发现要实现企业的长远目标，必须对渠道战略进行调整。某家经销商的使命是成为业内经过挑选的原始设备制造商（OEMs）的维护、维修和运营（MRO）物料的独家经销商。它的愿景是公司的业绩在三年内从250万美元增长到500万美元，并在北美市场占据主要的市场份额。为了实现公司的愿景，公司必须与客户和相关供应商建立良好的关系，使它们在分销商的行动中给予支持。

还有一个制造商的案例，这家制造商的愿景是在三年内将公司的销售额翻一番，从500万美元增长到1 000万美元，并且有40%的销售来自美国以外市场。为了实现愿景，需要探索一些可能的新战略。要寻求具有高增长潜力的新产品线。另一个战略是找到在欧盟（EU）市场占据主要市场份额、拥有与自己互补的产品线并有着雄厚的经销商基础的美国以外的公司，与之进行合并。不再从头开始来制定国际市场战略，这家制造商而是利用所合并公司在欧盟的市场地位，反过来；在欧盟的公司则利用制造商开拓了美国市场。

继续往下看图2-2，第四步是将关键绩效领域作为企业增长和完善的目标。把重点放在关键绩效领域有助于企业积极作出改变。在上面的两个案例中，利润增长和国际市场份额是对业绩进行评估和认可的两个关键领域。这两个目标会影响渠道战略，反过来渠道战略也会影响到两个目标。

接下来，公司需要重新定义自己的战略和计划。正如第五步和第六步所示，公司必须先把供选择的企业战略按重要程度进行排序,然后从中选择一到两个主要战略,并以此重新设计业务、改进运营。

随后的第七步和第八步要求公司在渠道中选择关键交易合作伙伴,并通过谈判建立有利的关系。

第九步是如何处理新战略的实施和关键部署。公司应该如何实施本书中讨论的企业及其渠道战略?最后在第十步,对结果进行分析并获得各方认可。如果公司用足够的时间来确定关键绩效领域和如何评价图 2-2 中第四步的绩效表现,那么评价并认可绩效表现应该是很简单的。除了现金奖励之外,替代现金的奖励计划也是对绩效进行认同的绝佳方式。

思考要点

▶ 我的企业战略是否与我的渠道战略联系起来?

▶ 我的渠道战略如何支持和补充总体企业战略?

▶ 我的渠道战略是否与企业使命和愿景一致?

▶ 关键绩效领域是否明确并且能一直坚持?

影响渠道战略的外部因素

正如本章前面所提到的,合理的企业战略建立在完整的情景评价的基础之上,渠道战略也不例外。因此,重点强调一些在渠道评估中必须考虑的关键外部因素是很有用的。

更加关注终端客户

你应该从哪里开始来制定战略呢?从你的公司的最大资产——终端客户开始!终端客户导向是业务拓展、提高渠道交易合作伙伴盈利能力的一个重要因素,在某些情况下甚至关乎企业的生存。当今企业的一个基本目标就是了解第一线正在发生什么(除了从中间客户手中了解第二手或第三手信息)。一家公司与终端客户离得越远,它就越难判断其所提供的产品和服务在使用中发生着什么。

以渠道客户的采购订单为表现的需求，反映了关于客户如何处理订单、如何与供应商联系的很多战略、程序和行为。那些将客户排序的方法会影响订单数量，但不一定能实际代表使用信息或者帮助终端客户做出购买决策所需要的东西。

有时候公司会诱导其终端客户从"错误"的渠道中购买产品，主要是因为这样对制造商而言比较方便。例如在电子商务兴起之初，很多公司为节约成本而尝试吸引客户在线购物，结果发现并非所有客户都喜欢这种方式。有些客户希望能从单一的供应商那里购买到各种各样的互补产品，另一些客户需要产品在当地的可获得性以及信贷服务，还有其他一些客户希望有安装和后续的维护、支持服务。

制造商已经开始重新检验满足终端客户需求所必需的分销功能和服务。在第1章中讲述的 Huffy 公司 Cross Sport 自行车的案例就是这样一个例子。这款混合型自行车需要一个更有组织的销售方法，而不是通过公司的传统渠道合作伙伴进行销售，如凯马特公司和玩具反斗城。因为 Cross Sport 自行车并没有进行真正的"营销"，客户也就不会了解这款新产品的好处。

你可以用很多方法来搜集必要信息，其中之一就是"观察"客户行为。拜访你的分销商、经销商或零售商，以确定示范表演、展示厅、陈列等方法对帮助终端客户做出购买决定上的相对重要程度。跟踪销售业绩可以评估渠道合作伙伴对满足客户需要的"符合"情况。

对客户的调查不要局限于对你的产品或服务的满意度，还要调查他们对你的销售渠道的期望和满意度。对于你正在考虑的所有渠道调整方案，询问客户的意见倾向。

你也可以通过市场试点来检验可能的渠道转变。例如，如果你正在考虑增加（或减少）展示厅，在所有地区都实施之前可以在一个区域或地区检验一下改变的结果如何。在开始这项工作之前，你也许会需要参考一本基本的市场调研书籍。[1]

加强对渠道合作伙伴的重视

很多公司已经发现，即使拥有很好的产品、强大的营销推广和合理的价格，但如果不对渠道合作伙伴给予足够关注的话，市场份额就会下降。很多公司为一个新产品的上市可以投入数百万美元的巨额资金，与之相对的是仅投入很少资源来开发一条新的渠道。

经销商或分销商常常被善意地忽视。在一个关键市场中遭受市场份额下跌30%的惨痛损失之后，菲亚特纽荷兰农用机械公司（CNH Group）认识到了渠道管理的重要性。它的市场调研结果显示，小型拖拉机的购买者（其终端客户）认为其品牌与竞争品牌几乎没有区别。然而，这些调研还显示经销商关系是对终端客户最重要的价值驱动因素。进一步的"渠道"调研发现，在制造商能提供的利益方面，经销商给纽荷兰的评分要低于竞争对手，这指出了纽荷兰需要去巩固的关系。[2]

谁是你的合作伙伴客户？你的客户群正在发生什么？当然，市场细分和客户细分在市场调研和确定的过程中被提到了新的高度。是否对所有合作伙伴客户一视同仁并且完全没有区别地对待其所要求的服务，还是按照客户的不同情况来提供服务？举个例子，在你为客户服务的时候，对于哪个客户在什么时候能得到什么服务，是否对所有客户都是一致按先到先得的顺序？当天下午2点前收到的订单，只要产品有库存，是否第二天就能送货呢？

在当今客户需求专业化的市场环境下，企业根据客户所要求的服务将合作伙伴客户细分为上百个细分市场的情况也并不罕见。在接下来的章节中还会讲到不同分销商的需求也是完全不一样的。

评估合作伙伴客户的需求

下面是在评估需求以及在此基础上对合作伙伴客户进行细分时必须要考虑的一些问题。其中很多问题形成了渠道战略，这些战略包含一系列服务的价格和最终的成本差异。在回顾下面问题的同时，思考可供渠道选择的产品和服务的定价以及促销性激励措施。

相对于创造需求和满足需求的问题，渠道的差异说明了客户如何明确自己的需求，以及如何参与到制造商提供产品和服务。下面是在对合作伙伴客户进行细分时需要考虑的一些问题。

- 谁是你的直接客户？如果你是一个电池制造商，可以利用传统渠道（例如大型零售商、零售连锁店、工业分销商和外科供应分销商）进行销售，也可以通过生产需要电池的最终产品的原始设备制造商进行转售（例如玩具制造商、医疗器械和钟表）。渠道的不同需求是什么？

- 有些客户是不是列出了一长串的要求规定？例如（1）要求产品的包装、标识、按转售或使用进行分类；（2）要求可重复使用的包装；（3）要求配套的装货要求、书面文件、运输车辆。

- 在市场营销进行客户细分的过程中，是否兼顾最终用户和直接客户两方面的观点？

- 在细分市场中有多少目标客户？

- 所评估的细分市场的市场潜力是什么，是收入潜力，还是花钱购买你的产品或者服务的意愿？

- 客户群的规模在发生什么变化？在当前的细分市场中呈现出经济集中化的情况，常常会出现5个顶级客户占到整个渠道销售额的一半，甚至一个客户就占公司生意的25%~90%！这些经济发展给你的渠道选择、管理和个人目标带来什么样的影响呢？

- 某些客户是否驱动或拉动你开展新的生意？当这些客户出现增长、减少或者退出市场，他们会给你的生意带来什么影响？

- 对制造商有哪些促销要求？

- 对外来的供应商或渠道成员，你会面临哪些不同的要求？

特定渠道的变化也有可能会迫使你改变自己的战略，或至少对此提高警惕。例如汽车行业就正在经历着经销商的转变。强调自己是"购车终极目的地"的大型汽车卖场正在卷土重来。坐落在菲尼克斯附近的北斯科茨代尔（North Scottsdale）汽车商场内拥有"两条试车跑道，一个赛车博物馆，一家星巴克咖啡厅，还有差不多十几个品牌的汽车"。[3] 很多汽车制造商在抵制这种渠道的增长，因为他们不喜欢自己的产品紧挨着竞争对手，但是决定制造商进入市场战略成功与否的还是最终消费者。

人口统计学

美国的人口正越来越多样化,这一点在客户和渠道从业人员上都有表现。1990 年和 2000 年的两次人口统计调查结果显示西裔美国人增长了 58%,达到 3 500 万,比加拿大的总人口还要多。随着人口数量和参与度的增长,劳动力中少数族裔人口的比例预计将会大幅增加。在 1950 年,劳动力人口的规模是 6 200 万;到 2000 年,数据为接近 1.41 亿人,其中女性劳动力的增长率要高于男性劳动力。[4]

面对各种受众的需求,制造商需要设计产品、渠道和支持服务来满足这些需求。这就要求产品的包装、标签和资料使用多种语言,还要有适合于特定种族群体的培训和激励体系。必须要对人均收入和消费模式进行评估,从而了解分销渠道的销售潜力和订单执行情况。

在评估市场潜力以确定渠道的过程中有三个基本要素:(1)所选择的细分市场中人口数量;(2)这些人是否有足够的钱,人均收入是多少;(3)他们是否有能力并乐意花钱购买你所提供的产品/服务,而且会重复购买?

其他国家也正在发生人口结构的转变。很多国家的中产阶级迅速增加,为若干产品打开了市场,制造商只要对战略进行适当地调整,比如安利公司在中国的业务进展良好。自安利公司运用的门对门直销模式被中国政府宣布违法之后,安利开设了零售店,到 2003 年已经有大约 100 家零售专卖店,中国也成为安利在全球的第四大市场。[5]

除此之外,还需要一些渠道策略方面的改变来反映年轻一代对技术的更为依赖。网站和电子邮件在企业经营中已经司空见惯,而即时通讯工具(IM)仍然在青少年消费者中广受欢迎。尽管如此,分析人士预计这种情况将会改变。高德纳咨询公司(Gartner)估计即时通讯工具将取代电子邮件,成为工作中主要的通讯工具。[6]实际上,即时通讯资料正出现在名片上。[7]如果最终客户开始期望客户服务或技术支持能够有这种形式的通讯,制造商就需要准备自己直接处理或者通过渠道进行处理。

渠道的分裂

经销商的消失并没有出现。恰恰相反，制造商和经销商如何共同制定经营活动是一个很大的机遇。与20世纪90年代网络时代快速膨胀时很多人预言经销商即将消失相反，很多经销商企业变得更为强大。经济因素导致产业集中化，分销商通过并购来获得市场竞争力、提高效率。

例如某制造商，本书一位作者还曾为其提供咨询，其在美国的分销商网络曾有500多家分销商，现在归85家公司所有，并且公司资产在地理上并不一定相连接。随着经济和商业关系的变化，分销商开始互相收购。另外的一家公司在仅仅三年的时间里，就有5个经销商迅速增长占到所有供应商交易的50%。

还有一些案例，经销商成长为向客户提供全方位服务的供应商。有些大型的工业分销商开始通过供应商管理库存系统（SMI）或货主管理库存系统（VMI）来为客户进行库存管理。

例如，固安捷公司已经成为很多小型到大型跨国公司的唯一采购商。一些手术用品供应商给医院和诊所供应整系列的成品产品为病人服务，例如O&M公司（Owens & Minor）。

然而，一些大型客户对制造商的需求正在导致传统商业渠道的分裂。很多供应商管理的进入市场战略正越来越多样化，其中一些策略包括绕过分销商直接销售给零售商和最终用户。大型"商业/工业"客户（超过10亿美元）要求供应商直接为其服务，例如原始设备制造商（OEMs）和生产资料买家都是绕过工业分销商和专卖分销商。

当然，互联网已经成为促使渠道分裂的一个主要力量。很多供应商直接和大型顶级的全国和国际性企业进行交易。处于其他"A、B、C"级别的客户仍旧由经销商提供服务。哪里有大量的中型客户集中在一起，例如医疗服务领域，哪里就会有经销商成为这些客户从供应商购买产品的主要力量。

随着商业渠道中经销商的集中，高效率和多样化的渠道和供应链正日渐成为常态而非例外情况。在某些情况下，预售和交易谈判活动直接在制造商和客户之间进行，经销商渠道负责售后活动。

在另外一些情况下，当制造商直接向客户销售时，制造商会寻找非传统的公司来提高服务（例如技术支持），这实际上创造出一个混合型渠道，我们会在后面进行讨论。经销商的功能被定义为部分"再中介化"，而不是"非中介化"，也就是经销商消失。

经销商除了在直接产品和销售材料的流动中起到主要的作用，他们还在为客户提供间接材料和服务方面发挥着越来越重要的作用。间接材料包括固定设备、包装材料、日常用品、可回收货运集装箱、MRO物料、清洁设备、重新加工或整修的设备、可回收物、通讯设备、合同工、能源和水、售后零件和物料、办公设备。经销商在满足这些次要需求所发挥的作用方面常常比主要的产品分销渠道更为重要。每一个间接供应物料都与渠道交易伙伴的网络紧密相联，分销商在其中起到重要作用。

经销商的消失现在还没有发生。

竞争

竞争对手正在进行什么活动以争夺你的客户会极大地影响你选择如何进入市场。但是，在一些行业中越来越难以准确地确定谁才是竞争对手。国内的竞争已经足够激烈，但国外的竞争对手瞄准了企业或个人客户，国外制造商则瞄准你的经销商以推广他们的产品。

竞争带来的影响是制造商必须摆脱以价格为基础的商品交易游戏，转而寻求与经销商和产品使用者建立更加巩固的关系。在关于供应链管理的章节，你将会学到需求/使用管理战术和资产合理化技巧，从而在帮助分销商提高获利能力的同时加强与客户的关系。

其中有部分战术是关于处理制造商直接发货的技巧，制造商直接发货的技巧能帮助分销商扩展所能提供的产品线，类似固安捷公司通过改进供应渠道以满足客户更多需求，使其最小存货单位从9万增加到22.5万。制造业供应商的职责是要与时俱进，及时了解直接和间接最终用户市场活动的竞争战略和战术的最新情况。

政府法规

在很多行业中，比如银行业、通信业和交通运输业，政府和经济法规已经变得相当宽松，这些行业更依赖于市场的力量而不是政府法规。然而，在安全和社会保障领域，法规变得更为严格。随着生产、操作和运输产品的安全要求，有关"人"的法规也更为严格，也更多。由于不同的行业有着众多不同的相关法规，在这里我们就不一一列举。本段旨在提醒进行渠道战略设计时要考虑到这些因素。

与国外市场和世界贸易组织（WTO）有关的法规问题必须在制定全球商业战略的时候解决。有一个非常典型的例子，过去制造商在欧盟都是通过经销商将产品销售给消费者。随着欧盟内部国家之间贸易法律和法规的日趋宽松，现在很多公司都是收购分销商，直接将产品销售给消费者。这些公司选择出重点市场和分销点，例如在荷兰，从而将自己的产品直接销售到目标市场。

制造商在国外市场建立直接或代理关系的时候，也承担了分销商的其他功能。在本案例中，分销商渠道的非中介化迫使供应商承担之前由分销商提供的很多功能。

环境和资源保护

一些法规和环境意识也与我们的全球资源有关。政府实施了很多关于环境问题的法规，要求供应商不管是自己的内部运营还是他们的贸易伙伴都要遵守政府有关环境的法规政策。供应商应该如何在企业内部执行环境保护政策，并要求合作伙伴也遵守企业或政府法规？

当公司在评估自己的使命、愿景和战略意图时，对于公司和经销商如何应对这些法规所作出的反应可以使公司在竞争中处于优势或者劣势的地位。公司能否将环境意识作为获得竞争优势的一种手段？许多环境保护方面的问题可以用来建立竞争优势和创造股东价值。

例如，收购废旧设备的医疗设备供应商或者回收电池的汽车电池制造商，就可以利用环境保护的议题来创造竞争优势。

总而言之，你必须确定和评估上述外部因素所带来的影响，并按照重要程度进行排序，选择出其中对决定渠道战略和商业结果有重大意义的部分。

> **思考要点**
> - 在评估渠道方向的时候，我是否对外部因素有全面的认识？
> - 我是否曾经试图"生搬硬套"一个渠道，因为这样更简单？
> - 我是否从客户和渠道合作伙伴那里收集信息，了解他们对我的公司的满意程度？
> - 在监控竞争对手的进入市场战略方面，我做得有多好？
> - 在渠道设计阶段，是否在渠道分裂、人口变化和政府法规政策方面做了相应准备？

影响渠道战略的内部因素

除了仔细考虑外部因素，你还必须处理内部战略性问题，评估这些因素对渠道战略的影响。在政策和战略方面的内部问题会给现有的计划、政策和程序提供一个"动力"，带来新的或者修正过的目标和战略。

客户关系和贸易伙伴关系的管理

前面讨论的客户多样化问题指出了制造商目前所面临的挑战。更多地运用客户关系管理（CRM）和供应商管理关系（SRM）流程以建立并管理客户和供应商之间的接触点，正日益受到重视。从客户的角度出发，以往公司与客户进行联系的主要代表是公司的销售代表和客户服务代表。

现在，公司正在从单一的接触点，向代表买卖双方的"团队"接触点转变，在一些情况下"团队"接触点还代表其他的中间商。这些介于企业之间、功能互相交叉的团队，正改变着企业的商业行为从而满足终端客户的需求，同时提高投资回报。由于有限的资源，团队关系一般着重于若干挑选出来的大型的直接客户，以及负责为制造商的规模较小的客户服务的大型经销商。

产品开发和管理

如前所述,产品在销售和服务上的要求应该影响到渠道战略。把创新作为自己企业使命和愿景的制造商,更有可能主动进行新产品的开发,会持续不断地推出真正的新产品。全新面世的产品要求进行广泛的客户教育,使得渠道必须具备客户教育的功能。因此,此类制造商将需要在他们的渠道战略中建立教育功能,使渠道战略真正有效。

随着产品沿着生命周期不断成长,对"推销"的要求减少,制造商需要转换到更"自助式服务"的渠道,来适应客户需求的不断变化。这些渠道可能会要求提供零配件和服务,虽然主动推销不需要。

对产品生命周期很长的很多产品而言,售后市场中零配件的可获得性给制造商提出了一个挑战。如果一个产品正在走下坡路(利润也在下降),制造商会尽力争取成本更低的渠道,最终将产品生命周期余下阶段的产品服务要么卖出,要么特许授权,要么外包出去。在做出这些决策的时候,要让渠道成员及时获得最新进展信息。

制造和业务的发展

在接近终端客户的渠道下游进行延迟制造或组装业务变得越来越普遍。一家主营橡木家具及其他木制产品的本地家具店,设立了餐厅桌子的组装业务。通过储存一定数量的桌腿和各种式样的桌面,这家家具店可以把桌腿和桌面分开单独储存,而不用储存由桌腿和桌面组装完成的成品桌子。结果就是库存占用的空间更少,还能根据客户对桌子的要求更快做出反应。

一个与之相关的策略是通过产品成分或组件的技术替代以提高利润,成为更强势的竞争者。下面的五个案例表明了这一现象,并给渠道设计带来了非常重大的影响。

底片冲洗和照片的发展。底片需要到零售店进行处理,随着数码技术的产生,照片的处理已经电子化,并可以在家里或者公司直接打印。对影像设备的制造商和供应商来说,这个市场中专业公司的性质发生了显著的变化。由于照片可以在全球范围电子传输,整个行业正发生变革性的转变。

很多产品成分都是通过合成的方法生产。例如,现在做饭使用的香草精都是化学方法生产,而不是从香草豆中提取;牛奶来自大豆;燃料来自玉米。

为产品添加颜色随处可见,成本较低且对环境影响更小,但也需要在渠道和服务方面进行改变。

很多产品,比如食物和猫砂,都是在渠道中接近用户的阶段才进行包装和贴标签。这些产品都是散装成批地运输,然后在当地或本区域进行包装和张贴标签,通常会有自动识别标志,以满足客户和终端使用者的个性化需求。

比较耐用的产品配件,比如汽车零配件,目前都是当地回收、翻新,然后回到市场流通,以此提高利润,并减少对环境的危害。现在,已经出现新的渠道来满足这些需求。

信息技术的影响

前面讨论的内容初步显示了信息技术的影响。表 2-1 中列举了一系列信息技术(IT)及相关的处理系统。如表 2-1 所示,IT 要超过近来讨论非常热烈的电子商务。利用多种多样的信息技术来随时掌握甚至管理产品的最终使用,必须要对信息技术加以监测,以获得竞争优势甚至避免被挤出竞争。

这么做的目的并不是要处于使用众多新技术的最前沿地位,而是要知道利用各种类型的技术产品的潜力。由于贸易合作伙伴之间交流的信息越来越多,所以这些技术对于维护实际可行的供应商与分销商之间的关系有着尤其重要的作用。

随着渠道中经销商的集中化趋势,经销商的规模越来越大。这些规模更大的经销商需要在市场营销、企业运营、采购和物流控制方面运用 IT。在此讨论信息技术最根本的目的是你必须紧跟上技术的进步,以保持更具竞争力的姿态,留住并且加强对经销商的管理。表 2-1 是对经营策略和执行中可以利用的 IT 工具做的一个概述。

表 2-1

数据编码和结构	ANSI、EDIFACT、CPFR、数据标识符
数据采集和获取	键盘、条码、智能卡、无线射频辨识系统（RFID）、光学字符辨识（OCR）、影像、音频、无线资料传输系统（RFDC）、卫星、全球卫星定位系统（GPS）和空间信息技术（GsIT）
数据库管理	笔记本电脑、前端控制器、主机、地理信息系统（GIS）、企业资源计划（ERP）、SC VANs
电子商务	关于 B2B 或 B2C 的技术——电子数据交换（EDI）、互联网、可延伸性标示语言（XML）、终端机模拟程式（CRT）外部网、直接连接、应用服务供应商（ASPs）
决策辅助工具	用于技巧或者战略性计划和控制
管理报表	用于进行绩效分析的列表、图形、控制图和 GIS 地理地图
注释：英文缩写定义	
ANSI	美国国家标准学会，负责审查标准委员会所批准的利益集团制定的标准
EDIFACT	已批准的商业交易的电子数据交换的国际标准
DISA	美国数据交换标准协会，是国内外电子数据交换（EDI）标准和互联网标准的秘书处，网址 www.disa.org
CPFR	协同计划、预测和补货流程，协调计划和预测
RFID	可识别产品的射频识别"标签"
RFDC	通过无线电波获取数据的无线电波数据传输方式
OCR 和 ICR	从图像获取数据的光学或智能文字识别装置
GPS 和 GsIT	全球定位系统和地理空间信息技术，可获取全球范围数据
GIS 地理信息系统	可处理全球范围的数据
ERP 企业资源管理系统	用于处理企业所有数据的系统
供应链增值网络	获取并处理整个供应链内的数据

（续）

B2B 和 B2C、EDI 和 XLM	电子数据交换和扩展标记语言（XML）技术，通过互联网进行信息交换，获取企业内部和其他企业的消费者数据，并进行处理
CRT	通过拨号或企业外部网有限接入的安全数据库，使企业的客户和供应商能够进入一家公司的企业管理系统
ASP 应用服务供应商	外部人员能够进入、上传数据并处理可用信息的基于互联网技术的软件

接下来简要解释一下如何利用信息技术上述的六个领域，认真考虑一下建立信息数据库供公司内部或贸易伙伴的员工使用的机会。你应该从哪里开始呢？首先要确定基本时间标记、交易信息和需要的相关数据。

流程会映射出你的员工正在做什么工作——要注意交易、文件和信息流。如何对数据进行编码以便于数据的传输和存储呢？由于众多公司追求商业数据的电子交易，因此采用企业对企业（B2B）的沟通标准对于数据处理的效率和有效性是极为重要的。

除了利用电脑键盘对数据进行直接的操作和分析外，还有很多方法可以电子化地获取数据，并存储到计算机的数据库中。自动化的产品和交易识别是至关重要的，包括在订单、运输和库存中使用条形码、图像和射频识别技术（RFID）。

利用远程电脑或便携式计算机，数据库可以位于事件发生的所在地；或者数据库也可以通过网络应用程序服务包，储存在互联网的服务器中。不再需要在计算机内安装常驻软件。

电子通信可以通过传真、传统的电子数据交换（EDI）等方式，或者利用互联网进行企业对企业（B2B）的沟通。当你计划未来的活动时，决策辅助工具可以帮助你有策略、有技巧地做出更好的决策。目前，有很多服务和软件包可供使用，帮助你挖掘数据，提高运营效率和生产率。

组织发展

影响组织的一个主要因素，是现有或新的交易合作伙伴、其他的第三方提供商在外包功能方面的作用。功能性的专业机构已经进展到各方讨论了实际组织的存在，实际组织可以命令和控制外包功能提供商。从基础研究到订单的财务结算，有什么不能被外包呢？"非中介化"最初曾经被作为消除诸如经销商等交易合作伙伴的一个方法，而如今，"再中介化"用来使交易合作伙伴在某些任务上取得更好的表现，例如下面一些任务：

- 模块化产品设计，要求现有的交易合作伙伴与外部产品设计专家进行合作。
- 针对终端使用者，并旨在使制造商、经销商和其他渠道交易合作伙伴能够良好协作，而进行的整个渠道的需求预估和行动计划。涉及的行业领域包括连锁店、食品服务经销商、医疗设备和用品及办公用品。
- 由新的第三方物流服务提供商承担的物流供应任务。

在对企业间功能进行分析时，交易合作伙伴越来越重视价值工程和价值分析，而不是将合作伙伴完全"非中介化"。这些需要组织考虑的因素会在渠道设计部分进行更加详细的讨论。

最后，会有更多重点用于衡量企业自身以及与其他企业之间工作表现的平衡计分卡。与以往任何时候相比，现在都更迫切地需要找到和确定一些好的衡量标准来评估企业的绩效，而不是财务状况。后面的章节还会谈到用于衡量和认可业绩表现的优秀标准的必要性。

人力资源管理政策和实践

不断上升的医疗成本和把提高劳动生产率作为重点的商业环境，使得如何认可和奖励员工的业绩表现带来了巨大的变化。给予不同水平的利益超过了直接报酬成为人们关注的焦点。

组织和员工忠诚度不像若干年前那么牢固，员工不再对企业从一而终，绝大多数员工都会发生工作或职业的变动。你如何才能管理好不断变化的企业员工，同时还要应对不断增加的功能和劳动力的外包？由于组织依赖外部的专业公司来管理劳动力，所以合同工的使用越来越流行。

在这种劳动力不稳定的状态下，供应商和经销商必须计划和管理人力资源实践。影响渠道管理的另一个问题是在其他合作伙伴的位置发生供应商或客户员工的更换或配置。这会影响制造商和经销商之间的关系，因为组织通过影响所有组织来提高劳动效率。当公司开始对工作贡献进行详细的评价时，公司开始更多地分享劳动力资源。

合作式战略联盟

合作式战略联盟是良好发展的一个例子，使交易合作伙伴建立起合作关系。以前曾讨论过集成、合作式的供应商和经销商（垂直）关系的发展。目前，与竞争对手和配套供应商有关的水平合作式关系正在发展中。随着买方或卖方的规模增大，竞争者的购买力集中正发展成为企业需要应对的力量。

汽车制造商通过诸如COVISINT（一家在线采购公司）之类的组织，给他们的供应商（如钢铁和高分子材料公司）下订货单，直接或间接地为自己进行大批量采购。药品供应商现在必须应对控制着医院药品供应渠道的大型经销商，因此存在互相竞争的公司要想自己的产品在医院销售的话，也必须通过这些分销商来协同合作。

在诸如石油管道公司等服务行业，包括医疗用品、安全设备、办公用品和电力设备等领域的配套经销商共同协作，通过合作提高策略效率和交易效率。最重要的是，如果你想在某个渠道中做生意，共同合作是最基本的游戏规则。

供应链管理

与合作的商业活动相关的，是以终端客户的满意为中心的完整的端到端供应链管理流程的发展。关于交易伙伴的供应链与其他供应链在满足终端客户需求方面竞争的发展情况，本书第3章会展开详细探讨。

完整的端到端思想的目标之一是企业或个人对产品或服务的使用做出反应，而不再是仅仅考虑商业合作伙伴之间的派生需求。随着组织认识到盈利能力比传统的微观和宏观经济学更重要，供应链经济正吸引着越来越多的关注。基于合作关系的供应链核心流程正给我们带来新的组织和供应链管理问题。

思考要点

我在多大程度上认识到内部因素会影响到渠道战略？

▶ 在进入市场的战略中，未来的产品改变要求交替进行吗？

▶ 递延装配或延期策略能否带来竞争优势？

▶ 其他行业中有哪些技术可以借鉴来改善我的渠道？

本章重点

▶ 你的渠道战略务必和总体经营战略保持一致。

▶ 用始终一致的眼光做长远的考虑。

▶ 尽量靠近你的终端客户！

▶ 密切关注渠道内可能需要进行修正的内部和外部因素。

▶ 坚持团队导向。

▶ 成为建立关系的高手，不管是在内部还是外部。

注释

1. To learn more about marketing research techniques, you may want to add a couple of books to your library. One is *The Market Research Toolbox: A Concise Guide for Beginners* (Sage Publications, 1996) by Edward McQuarrie. Because it includes topics such as developing a customer visit program, it goes beyond traditional survey design publications. Another book to consider, especially if your end customer is a consumer, is *How Customers Think: Essential Insights into the Mind of the Market* (Harvard Business School Press, 2003) by Gerald Zaltman.
2. Bob Donath, "Value Studies Reveal Insufficient Attention to Dealers Plenty Costly," *Marketing News*, 28 October 2002, pp. 8-9.
3. Karen Lundegaard, "Destination Car Shopping," *The Wall Street Journal*, 3 June 2003, p. B1.

4. Mitra Toossi, "A Century of Change: The U.S. Labor Force, 1950-2050," *Monthly Labor Review*, May 2002, pp. 15-28.
5. Leslie Chang, "Amway in China: Once Barred, Now Booming," *The Wall Street Journal*, 12 March 2003, pp. B1-B5.
6. Christine Y. Chen, "The IM Invasion," *Fortune*, 26 May 2003, pp. 135-138.
7. Jennifer Tanaka, "You 'Pinging' Me?" *Newsweek*, 12 May 2003, p. E12.

第 3 章
The Manager's Guide to Distribution Channels

供应链管理

过去,很多制造商把产品发送给经销商和分销商时,习惯上是这种态度:"好了,分销商们,现在把这些产品都卖出去吧!"制造商将经销商或分销商看做客户,而没有更多地去思考产品到达分销商之后发生了什么。

现在的公司越来越深入地了解渠道,了解客户的客户,有些时候还向渠道的上游了解供应商的供应商。这个思想是供应链管理的本质,也是目前形成渠道战略的因素之一。鉴于在当前经营中供应链问题的重要性,我们将用整章来讨论这个主题。

满足供应链交易合作伙伴的需求

根据埃哲森咨询公司(Accenture)、欧洲工商管理学院(INSEAD)和斯坦福大学进行的长期跟踪研究结果,发现那些被认为在供应链执行方面取得成功的公司,也会在股票市场取得成功。这份名为《供应链领导力及其对经营业绩影响的全球研究》统计的数据,来自全球 3 000 个大企业中的 600 多家公司,涵盖 24 个行业。[1]

这份报告指出:

> 将近25%的受访者认为"增加收入"是他们制定(供应链)战略最主要的推动力。受访者提到的其他推动力还有降低成本、降低营运成本、更大的

利润潜力……实际上，服务和支持正变得和产品本身一样重要。而供应链管理是服务和支持能够盈利的根本所在。[2]

这份报告的其中一个作者还进行了其他一些研究，这些研究从制造商、批发商、经销商、零售商和第三方中间商获得的研究结果也支持上述报告中关于供应链管理对企业发展的影响方面得出的结论。供应链管理是影响渠道设计和管理的主要因素。

很多人在改进技术和降低成本的时候会考虑到供应链。虽然供应链是一个途径，但很多公司也认识到还有很多种方法可以比竞争对手更好地满足终端客户的需求。

罗伯特•波特•林奇（Robert Porter Lynch）是沃伦（Warren）公司的 CEO，著有《企业联盟指南——隐藏的竞争武器》一书，在一次关于供应链的专题讨论会上，他说："商业中的一条原则是降低成本可以让企业生存，而创新才会让企业取得成功。"[3] 供应链管理不仅关乎企业的创新，也和降低成本有关。

具有不局限于企业自身的长远眼光

在满足需求的早期阶段，制造商在需求计划、采购和供应管理、制造作业和实施过程等步骤中，习惯上将注意力放在管理企业内部的各种职能的相互作用和切换上。当他们进一步发展到跳出企业的框框，便开始与直接供应商、客户和中间商合作一起共同管理物流。

现在制造商所关注的范围更加宽广，他们在努力满足终端用户对产品和服务需求的同时，还在满足所有供应链合作伙伴的物流需求，包括制造商的供应商、供应商的供应商、经销商、一级客户、二级客户等。例如，惠普公司的前董事长兼首席执行官卡莉•费奥瑞娜（Carly Fiorina）曾说过，惠普在与康柏（Compaq）合并之后要取得成功必须依赖和渠道合作伙伴的紧密协作，还依赖供应商和解决方案供应商能清晰地理解给供应链增加的每一个价值。[4]

当今主要的供应链经理人要负责管理传统的功能，同时还负责满足公司的交易合作伙伴的需求。先进的经理人对公司供应链的关注从公司产品和服务的最初源头开始直到终端用户。挖掘需求、满足需求和渠道管理的行政活动必须统一和协调，以使供应链活动带来的回报最大化。现在企业营业周期已经扩展到整个供应链。

如图 3-1 中的描述，很多面巾纸制造商形象地把自己完整的端到端的供应链管理活动称为面巾纸从"树桩到餐桌"的移动过程，利用供应链网络努力提高供应链所有成员的效率。一个关键的效率问题是如何压缩产品从森林移动到最终消费者的周期时间。公司的库存在供应链的一端到另一端的循环周期长达 180 天的情况并不少见。

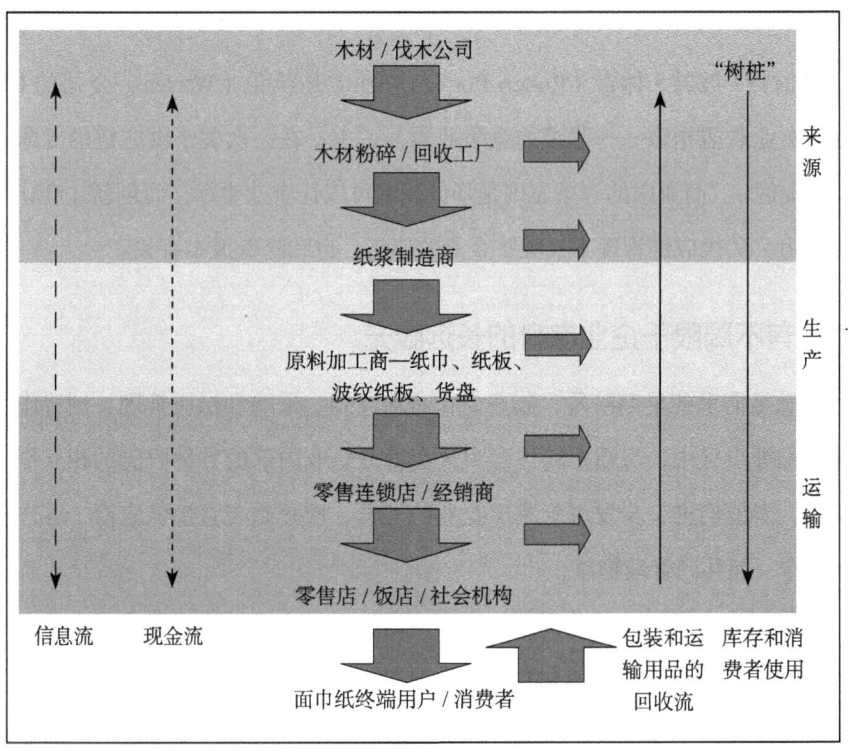

图 3-1　面巾纸供应链网络

用以衡量、管理和认可供应链绩效的新衡量标准正在建立之中，这个标准可供交易合作伙伴衡量供应链的效率和效果。过去制造商把绝大部分的战略资源集中于管理企业内部订单周期以满足经销商的需求。现在的挑战是建立供应链使公司脱离价格战，以及通过供应链的战略举措从而使自己的产品和服务与竞争对手差异化。目前制造商正与经销商一起提高供应链的效率、改善物流，从而在获得竞争优势的同时提高交易合作伙伴的财务回报。

> **思考要点**
>
> 我是否了解公司的完整供应链？
> ► 在制定规划时，我依据的是供应链优势还是简单的产品优势？
> ► 我的思维是否突破了企业本身的局限？

供应链管理需要有充分的商业理由

为什么制造商及其经销商应该努力执行供应链的战略举措？在供应链网络改善中投入资金、时间和系统等资源有什么充分的商业理由？

就一家年收入 20 亿美元的制造商来说，这家公司及其交易合作伙伴有着数十亿美元的资金放在库存、应收账款、应付账款、设备、不动产、生产和物料搬运设备、客户服务和实现系统绩效上。但这些资金是否在管理下获得了最好的回报，并实现了终端用户保留？

我们假设有国内 30 个地区超过 300 家供应商为上面这家制造商供应直接生产的原材料和零部件。它在全球 30 家工厂内进行产品和零部件的组装制造，但所有的组装也可以在配送中心或经销商处进行。之后可以把零部件直接发货给它的 500 家经销商还有终端用户。在对经销商进行分析时，这家制造商发现每家经销商都会有大约 5 个地方来存放制造商生产完成的产品库存，平均每个地方的库存价值 100 万美元。除此之外，终端用户通常也会储存一部分制造商产品的库存。

这个话题的意义是要确定所有交易合作伙伴投入供应链中的总资金。在上述案例中，供应链中的库存价格估计约为 30 亿美元。对年销售额 20 亿美元的制造商而言，面对着一个很好的机会来减少交易合作伙伴在供应链所投入的资金，同时提高终端用户的绩效。如果供应链的投资降低 10%，将给交易合作伙伴带来 3 亿美元的利润贡献，此外通过降低价格还有机会与终端用户分享其中一部分节约下来的资金。

在医院里，医疗设备一般占医院总经营成本的25%～30%，所以供应链管理对医疗健康行业来说是非常重要的。对于一家年经营预算10亿美元的医院来说，一个缜密的供应链战略可以节省2亿美元的支出。[5]

要使支出下降到这个水平，必须达到下面的要求。首先，程序（大多是手册）必须要精简，并采用适用的技术。其次，供应链中的各方包括供应商、付款人、提供商和病人之间必须要形成强大而精细的关系。然后，检查药品供应的产品标准化。最后，系统的改变需要得到执行并加以监控。

美国的零售业给我们提供了另一个有效供应链管理的价值的案例。美国的零售业也正处在变革中，目标是商品能够更快地周转。总部位于香港的服装制造商联业制衣（TAL Apparel Ltd.）是一家未上市公司，与彭尼百货公司（JC Penney）、布鲁克斯兄弟公司（Brooks Brothers）和Lands' End公司建立了非常紧密的关系，并引进很多供应链的功能来为关键客户提供服务。

在彭尼百货公司，联业制衣直接从商店收集销售点数据，决定应该生产哪种样式、颜色和尺码的衬衫，然后绕开彭尼百货公司的仓库直接将衬衫输送到每一家彭尼百货公司的店面。这样带来的结果就是提高了预测的效率，并显著降低了零售商的库存成本。[6]

思考要点

如果改善供应链的运营，我的公司能否为终端客户提供更好的解决方案？
- ▶ 哪些资源和活动是相互重复的？
- ▶ 如果供应链已经简单流畅，还可以从哪些方面降低成本或提高效率？

努力实现供应链的战略规划

在改善渠道的供应链管理中，如何才能快速见效？除了要对你的组织和渠道分销合作伙伴（宏观角度上）的财务会计报告做一个高水平的投资分析外，公司还要进行一项"微观试验"来确定商机。

在从宏观的"全局"层次转向具体的"微观"试验水平，一个流程团队可以验证从供应链战略性计划的投资获得的投资回报率（ROI）。

通过供应链再设计团队进行的试验验证项目，可以确定哪些流程变更能够给制造商和经销商带来实现双赢的有利条件。如何发现这些有利条件？这个团队在挑选出来的关系良好的渠道成员中，对制造商的一系列产品和服务进行了详细的分析。再设计团队按照目前的操作、政策和供应链运营绘制了产品的流动程序。

这幅流程图可以帮助团队确定各项任务，谁负责这些任务，需要多少时间完成任务，还需要投入多少资源来提供供应链服务。供应商、制造商、经销商和终端客户的流程都被分别绘制下来，然后拼接起来找到可以改善的地方。通过这个过程，可以帮助解决下面这些问题：

- 需要做出哪些流程改变？
- 这些改变是否能降低成本或提高收入？
- 实施流程变更需要什么类型的技术？
- 什么类型的产品管理需要改变？
- 这些改变有没有负面作用？如果有，需要做哪些事情来降低负面作用的风险？
- 如何处理责任归属的问题？

企业内部的价值和风险分析会提出一些问题，那就是为什么要执行某些任务，以及是否可以去掉或者减少某些任务。这样企业可以找到改善绩效的环节，比如怎么样减少资源投入、提高库存周转率、降低供应链中的资金投入、减少运营环节，还有将责任转移或外包给具备更好的条件去完成供应链网络中各种任务的供应链交易合作伙伴。

供应链再设计应该与总体渠道重构同时进行。微观的分析很快给我们提供了快速解决方案，证明了对供应链管理进行投资的投资回报率。在前面讨论的自动化控制制造商的案例中，制造商的销售和配送功能带头组织了一个再设计团队，发现了核心过程的改善，开始和经销商一起精简协作的流程、压低库存、改进制造商的运营，并提高最终用户的满意度。这使交易合作伙伴的财务回报和市场份额都得到了增长。

目前有很多企业正进行企业内部流程改善。世界上最大的轮胎制造商固特异公司（Goodyear）在2003年宣布与第三方物流提供商英运物流（Exel）结成官方供应链管理合作伙伴关系。英运物流将负责管理固特异公司发往物流中心的90%以上的成品库存，大约有6 500万个轮胎。为了保证流程的顺畅，有14名英运物流的员工与固特异公司紧密合作，重新设计其供应链。[7]

另一个案例是福特汽车公司在2003年称，凭借其名为团队价值管理（TVM）的供应商管理计划能够为其节省3 500亿美元的支出。通过对各个流程相互脱节的重视，福特公司希望能在不影响供应商利润的情况下实现降低成本的目标。[8]

要使供应链思维发挥出作用，所有的交易伙伴就必须关注终端用户。留住客户是未来销售的关键。交易合作伙伴的行动必须支持其他供应链成员的行动，并接受在满足终端客户需求时交易合作伙伴对行动和成本的折衷方案。

交易合作伙伴带来的增值贡献必须作为利润影响因素加以计算和评估。各种信息包括库存、客户和生产订单、运输和库存的所有变动都必须是可以获得的，以管理物流。

国际供应链协会（Supply Chain Council）是获取供应链发展相关信息的一个很好的来源。这是一家拥有约1 000名会员的非营利组织，致力于供应链流程、评价标准和推动工作。[9]

思考要点

在努力进行渠道设计的改善时，我是否将思维扩大到整个供应链范围？

▶ 我是否从终端用户的角度来进行再设计？

▶ 我能不能找到一两个关系良好的经销商让其愿意参与到企业内部的团队，来仔细观察供应链中所发生的一切吗？

▶ 如果折中方案可能更有利于终端用户和供应链而不是自己，我是否愿意接受？

供应链核心流程

公司如何才能改善和再设计供应链？为了改善供应链的运行，公司可以学习下面四个关键流程。

需求计划和销售预测。由这两项主要任务构成的协作集成流程提供了预测和物料的计划安排，来保证产品和服务在供应链网络中顺畅流动。

战略性采购。这个流程首先需要制定战略计划，其次需要在供应链内实现简化补货和交易费用的同时，与供应商建立联盟将资源集中在使总交付成本最小化和新产品的开发。

生产和经营战略。这个流程需要在利用生产能力和规模的时候，生产计划要具有最大程度的灵活性。这使公司能够对不断变化的市场形势和客户需要做出快速回应。

物流战略。在产品、服务和相关信息从起始点流向消费点，以满足客户需求时高效率流动和储存的过程中，这个供应链流程起到计划、执行和控制的作用。[10] 其具体作用包括客户服务订购、发货计划、运输、仓储、实际库存控制、包装，还有与逆向物流战略相配合。

本章重点

- ▶ 站在终端用户的角度重新审视核心供应链流程。
- ▶ 加强与最接近个人或企业终端用户和消费者的供应链交易合作伙伴建立战略关系。你与终端用户的距离越远，就离客户的真正需求越远。
- ▶ 减少整体供应链的周期。
- ▶ 寻求多交易合作伙伴，建立协作型关系。
- ▶ 在企业内部建立水平关系，在企业外部与交易合作伙伴建立垂直关系，甚至可能包括竞争对手！
- ▶ 不断学习供应链管理的更多进展，建立公司和渠道供应链指导团队。

注释

1. Ken Cottrill, "Bottom Line Leaders," *Traffic World*, 23 June 2003, p. 1.
2. *A Global Study of Supply Chain Leadership and Its Impact on Business Performance*, 2003, retrieved from www.accenture.com/xdoc/en/services/scm/scm_thought_fp.pdf.
3. "Supply Chain Challenges: Building Relationships," A conversation with Scott Beth, David N. Burt, William Copacino, Chris Gopal, Hau L. Lee, Robert Porter Lynch, and Sandra Morris, *Harvard Business Review*, July 2003, pp. 64-73.
4. Jeff O'Heir, "HP's Fiorina: Know the Value You Add," *CRN*, 14 April 2003, p. 6.
5. Lyndon Neumann, "Streamlining the Supply Chain," *Healthcare Financial Management*, July 2003, pp. 56 ff.
6. Gabriel Kahn, "Made to Measure: Invisible Supplier has Penney's Shirts all Buttoned Up," *The Wall Street Journal*, 11 September 2003, p. A1-A9.
7. Kathleen Hickey, "Let the Good Times Roll," *Traffic World*, 21 June 2003, p. 1.
8. David Hannon, "Brown Outlines Ford's Steps to Supplier Success Under TVM," *Purchasing*, 17 July 2003, p. 76.
9. Refer to www.supply-chain.org for more information. Another source is *The Supply Chain Yearbook* by John A. Woods and Edward J. Marien (McGraw-Hill, 2001).
10. Definition as published by the Council of Logistics Management (see www.clm1.org for more information).

第 4 章
The Manager's Guide to Distribution Channels

法律问题和经销商合同

法律问题看似不像本书前面章节中讨论的其他主题那么重要,但实际上非常重要。前面章节讨论的各种改变导致的影响可能会使制造商重新审视自己的下游配送情况,以及带来的商业关系的变化。

如果你了解了相关的法律法规,就更有可能制定出合理的战略。如果你起草的合同经过了深思熟虑,就可以使合同纠纷发生的可能性降到最低。如果在对渠道进行变革的时候你征询了公司法律顾问的帮助,可以最大程度地避免法律风险。通过事前的法律分析和意见,渠道变革会变得相对容易,甚至还能与表现出色的合作伙伴建立更牢固的关系。

本章旨在针对供应商和渠道之间复杂的法律关系为读者提供简明扼要的介绍。分销渠道的法律问题包括有差别待遇的做法、反托拉斯和合同解除问题,分销渠道要遵守联邦法律、各州法律、行业法规和/或合同条款。[1] 由于本章只是一个简单综述,诸多法律细节问题请参考美国富理达律师事务所(Foley & Lardner law firm)的专业律师编写的《产品分销渠道法律指南》(*The Product Distribution Law Guide*)一书。

---

[1] 本章所涉及法律均为美国法律,虽与我国相关法律不同,但可作为参考,读者可在了解国内相关法律的基础上对应阅读。——译者注

本章的第一部分将首先介绍与本章后续内容有关的一些法律术语。第二部分将主要讨论与渠道相关法律问题有关的商业决策，比如市场覆盖率、定价和产品线政策。第三部分会讨论要求书面协议的原因，并将对协议条款的想法纳入协议中去。在讨论中还会包括最相关的联邦法律中的信息，将不再单独介绍。

专业术语

美国联邦法律、州法律和行业法律都在供应商和经销商关系的管理上发挥着重要的作用。联邦法律和州法律都有关于反托拉斯问题的法规。此外，这三个类别的法律都可能会详细规定要保护一些分销商、经销商、特许经销商和独立销售代理商的利益。

反托拉斯法旨在保护贸易和商业不受非法限制和垄断的危害。违反该法将受到严厉的制裁，包括高额罚款和监禁。

限制或共谋行为在横向或纵向的关系中都可能发生。纵向关系是指在分销渠道不同阶段的各个公司的关系（例如制造商和经销商）。渠道中一家公司对另一家公司进行限制的行为就是纵向约束。横向关系是指在供应链同一个阶段的两家公司之间的关系（例如两家制造商）。如果两家公司之间订立协议限制贸易（例如通过订立固定价格），就可以称之为横向限制。

被人们与反托拉斯问题联系起来最多的法律是《谢尔曼法》（Sherman Act）。有些行为（比如横向价格固定）被认为是自动违法或本身违法，而不管行为是什么原因。在其他情况下，在确定一个行为的合法性之前，会针对这个行为是否真的促进竞争进行一个广泛的评估。这个评估被称为合理性原则，需要双方提供关于行为带来的影响在经济方面的证据。如果对品牌内竞争（例如同一个供应商的产品经销商之间）的限制并没有损害存在竞争关系的供应商之间的品牌间竞争，很可能就符合合理性原则的要求。

供应商对渠道成员给予不同价格的行为被视为价格歧视，属于《罗宾逊-帕特曼法案》的效力范围。价格歧视一般视为民事违法行为，极少情况会追究刑事责任。

> **思考要点**
> 我是否知道本身违法的反托拉斯问题的重要性?
> ▶ 我是否避免自己去控制渠道合作伙伴开出的价格?
> ▶ 我是否避免与竞争对手进行有关决定价格的对话?

营销策略的法律层面

营销计划中有若干部分与渠道战略有着直接的联系,包括市场覆盖率、定价和产品的可获得性。制造商经常想要控制营销计划中的这些因素,但应该了解每一部分可能会涉及的法律问题。

市场覆盖决策

当你作为一名渠道管理者要实现计划的市场覆盖的时候,经常会出现要限制经销商在哪里销售你的产品的情况。对经销商销售的限制可以根据地理区域、公司户头或者行业,这些限制可能是"密闭区域",就是只允许在规定限制的市场区域内销售;也可能仅仅是用作确定经销商业绩的需要。不管怎样,这些限制都需要经过仔细的商业和法律方面的思考来做好计划。

在密闭区域内,经销商承诺不在分配的区域之外销售产品。这可能被视为区域限制,有时候在反托拉斯案件中被认为是纵向限制,通常是《谢尔曼法》或《联邦贸易委员会(FTC)法案》第五条的效力范围。在出现意见矛盾的时候,会对这种限制按照合理性原则的分析下进行评估,判断其影响是促进竞争还是限制竞争。

与密闭区域相比,大多数公司更喜欢给每家经销商划分一个主要责任区域(APR)。在主要责任区域策略中,供应商允许经销商在区域之外销售,但要求经销商尽力达到指定主要责任区域内的业绩要求。在这种情况下,通常只有主要责任区域内的销售额才计入销售定额或者其他业绩指标。对于发生在主要责任区域之外的销售额,供应商要考虑利润传递策略。通过利润传递策略,在自己的主要责任区域之外销售的分销商要对客户所在区域的分销商进行补偿。需要提醒的是，尽管这种做法在美国非常普遍，但是区域限制在其他国家可能是违法行为。

除了地理区域的限制，公司还可以选择限制经销商只能将产品销售给特定"类型"的行业或客户。这些行为也会导致反托拉斯的担忧，一般会根据合理原则做出判断是否违法。

很多法律和合同是在电子商务出现之前制定的。电子商务出现之后，"区域"具有了与从前不一样的定义。现在供应商、渠道合作伙伴和客户可能同时出现在任何地方，使控制市场覆盖变得更为困难。因此，主要责任区域的做法变得更加重要。

定价决策

制造商在开发产品的时候会进行详细的价格 - 价值评估，还为没有控制用户购买产品的价格的能力而感到懊丧。虽然他们不会要求经销商必须按一定的价格进行销售，但他们会建议产品的转售价格，并鼓励经销商按转售价格销售。然而，任何被认为是强制性的策略（例如威胁经销商如果不按一定的价格销售将解除合同）都会被视为违法反托拉斯法。

对于最低转售价格和最高转售价格策略也带来很多疑问。当制造商和一个或更多经销商达成协议确定产品的最低价格，就构成违法。在过去，最高转售价格策略也属于违法。但是到了1997年，美国确定了关于最高转售价格的协议要通过合理性原则来判断是否违法。[2]

除了价格固定，制造商如果给不同分销商的售价不同，也会受到质疑。销售价格不同本身并不违法，除非是在《罗宾逊 - 帕特曼法案》明确规定的情形下。销售价格不同需要同时满足下面四个前提才是违法行为：

1. 两笔州际贸易的销售。由于公司只在某个州内进行交易的情况比较少，所以这个州际贸易的条件一般都是满足的。然而必须要有两笔相对发生在同一时间的已完成销售。有两个价格不同的购买产品的订单不能满足这个条件，直到两个订单全部完成销售。

2. 相似等级和质量的商品。商品在这里指的是实物产品，因此服务业的销售不符合《罗宾逊－帕特曼法案》的条件，其中相似等级和质量的先决条件要由陪审团来判断。一般情况下，包装、标签和品牌并不一定构成不同的产品。举个例子，不管销售的是私有品牌还是博登公司（Borden）品牌，炼乳都被认为是一样的产品。[3]

3. 不同的价格。价格差异必须包括但不限于产品的发票价格，还要包括折扣、回扣、赊贷、运费免除和其他会导致客户购买产品的到岸价格不同的条款。

4. 阻碍竞争。最后，价格差异必须使竞争减弱，这意味着将产品以不同的价格销售给不存在竞争关系的客户并不违法。例如一家公司按照不同的价格将完全相同的产品（如汽车）销售给客户并不违法，因为客户与客户之间并不存在竞争关系。

竞争的定义。但是竞争可以是多个水平的，这需要明确的定义。第一线竞争指的是当两个供应商中的一个对一些客户进行价格歧视时对竞争造成的损害。

举例说明，假设制造商 A 给经销商 X 一个价格，而给经销商 Y 一个更低的价格。如果有竞争关系的制造商 B 因此起诉制造商 A，这就产生了第一线竞争的案件。制造商 B 的诉讼请求需要证据来证明制造商 A 给经销商 Y 的价格低于其成本价，这样就使制造商 A 以低价击败所有竞争对手，然后将来再把损失补偿回来，具有了合理可能性。这实质上是一个掠夺性价格歧视的诉讼，而反托拉斯风险在部分上取决于制造商 A 的市场力的大小。

在《罗宾逊－帕特曼法案》中一个更常见的问题是第二线竞争的控告，例如在刚才的例子中，经销商 X 会控告经销商 Y 获得了更低的价格。在这种情况下需要证明价格有显著性差异或者出现价格差的时候有显著性差异。显著性差异的定义并不明确，需要由法院来裁决。

很显然，价格差必须要满足若干标准才能被看作违反了《罗宾逊－帕特曼法案》。而且即使被认为违反《罗宾逊－帕特曼法案》，制造商还可以利用下文中的一个或多个抗辩来证明价格差的合理性。

抗辩 1：一致竞争。一家经销商可能会告知制造商有另外一家竞争的供应商（例如制造商的竞争对手）在直接竞争的产品上给经销商提供了更低的价格。这家制造商就可以合法地降低给这家经销商的价格，和竞争对手保持一致，即使结果是制造商提供给各个经销商不同的价格。当然这家经销商声称的竞争对手价格必须是诚实的。

抗辩 2：成本合理。制造商也可以证明与某个经销商的交易成本要比与其他经销商的交易成本更低。不过，节省的成本必须要等于价格差。

抗辩 3：功能折扣。经销商以卖方的名义承担了一些服务或者任务，比如提供说明活动、培训销售队伍、维护展示厅、参与共同销售拜访等，卖方就可以降价作为对经销商的补偿。

抗辩 4：实质可行。如果价格折扣是根据购买产品的数量，那么所有互相竞争的客户必须都能得到相同的折扣政策。

抗辩 5：改变条件。适用于易腐坏货物或有被淘汰危险的产品。在这种情况下，制造商可以向购买产品的经销商收取更低的价格。

由于细分定价是一个很常见的营销行为，所以值得学习把同样的产品按不同的价格卖给互相竞争的经销商中所潜在的法律后果。[4]

产品线决策

制造商和经销商关系中制定的产品决策有两个情况可能会出现法律问题。这就是独家经销和搭售。在这两种情况下，要利用合理原则来判断行为造成的影响。

排他交易是指制造商要求经销商不能同时销售竞争品牌的产品。例如可口可乐的灌装厂不能生产百事可乐的产品，反之亦然。由于此类协议把竞争品牌"关"在区域之外，降低了企业间竞争，有可能被认为违反反托拉斯法。不过除非供应商具有强大的力量能够阻止竞争对手（通过其他渠道合作伙伴）进入这个区域的市场，就不会对竞争造成实质性伤害。

搭售是指达成协议将一个产品（即搭售产品）销售给经销商，但条件是经销商要购买另一个不同的产品（即被搭售产品）。如果两个产品需要一起来使用，并且如果没有其中一个产品，另一个产品也不能发挥正常功能，这种搭售是不违法的。还有，如果其中每个产品都能在竞争性市场中单独购买，或者如果供应商的市场力不足以"迫使"分销商做出与在竞争环境下不同的行动，这会引起较低的反托拉斯的顾虑。对搭售的顾虑是市场力较大的制造商能够拒绝销售一个畅销的产品，除非分销商同意购买另外一个产品。这种情况会引发反托拉斯问题。

> **思考要点**
>
> 我是否考虑了渠道战略中营销决策的法律影响？
> ▶ 我对渠道区域或市场的划分是否适当？
> ▶ 我是否把遭到价格歧视的指控的可能性降到最低？
> ▶ 对于安排独占销售和搭售的方式，我是否足够小心？

书面合同

如果设计得足够仔细，经销商合同应该能够以书面形式明确合同双方的期望。通常情况下，一份标准的合同要包括主要的责任问题，并在独立的附件中对不断变化的合同要素加以说明（见图 4-1）。

图 4-1 合同和附件

很多制造商和分销商相信，如果没有合同将会有更大的灵活性，但事实恰恰相反。很多法规要求合同解除要有"正当理由"，而如果没有合同规定的具体表现，就很难确定什么是"正当理由"。

对企业和个人而言，解除合同都是一个艰难的决定，双方都因此感到沮丧并导致收入的损失。书面合同通过明确双方的期望可以在最大程度上避免法律诉讼。

除了明确业绩标准之外，书面合同可以使整个供应链网络内供应商和经销商的关系达到统一，明确规定经销商可以怎么使用供应商的商标，并允许未来关系发生改变（例如销售条件、保修政策等）。合同还应明确经销商是不是特许经销商，或者销售代表是不是代理商。表4-1中列举的是合同的典型内容范围。

表4-1　经销商合同的典型内容范围

主题	考虑内容
产品	授权经销商购买和销售附件所列出的产品，产品列表可能随时更新
区域	授权经销商在附件中规定的区域、市场或责任区域内销售制造商的产品，附件内容会不时更新。制造商保留在区域内增加经销商的权利
业绩标准	详细说明合同双方都将尽最大努力去达成附件中所规定的业绩标准，业绩标准会不时更新
定价和条款	规定可以在不提前通知的情况下调整价格
合同期限	永久期限或固定期限
直销	制造商保留直接销售给全国客户的权利
商标使用	说明预期和指导方针
适用的法律	确定合同受哪一地区的法律规范管辖
合同解除	详细规定原因、时间和利益
限制	视行业和环境的情况而定

很多供应商选择按照其所在州的法律制定合同，除非法律对自己不利。但是有些州的法律则是管理供应商与公司设立在本州内的经销商（或者在州内有销售的经销商）的关系，而不管合同中关于法律选择的条款，所以制定这个决定时需

要有法律顾问的参与。

合同可以规定不同的时间框架范围。长久合同是未规定终止日期的无限期合同。这是最简单的合同，因为不可以根据特定的基础对合同进行检查。但是当市场情况发生变化的时候，长久合同与固定期限合同相比更难以改变。即使决定选择长久合同，合同中也应明确业绩预期并规定解除合同的原因。

固定期限合同在改变合同条款上有更大的灵活性，但是也带来了更大的管理负担。为了减轻负担，公司可以让所有的合同在同一日期终止。公司还可以选择两者之间的混合型合同——固定期限（比如一年期限）在到期后自动续约开始新的固定期限，除非明确决定不再续约。

经销商和制造商双方的义务责任都应该在合同中明确规定，可能作为合同的附件以便不时地更新。对经销商的业绩预期包括销售目标、库存要求、服务义务（零件的提供、培训等）、市场信息共享、预测、次级经销商的合理利用等。供应商的责任包括全国性广告、经销商培训和促销支持。这些义务能够准确地说明成为一个一级授权或加盟经销商的要求和利益。

在合同中附加上附件，详细说明允许（或不允许）经销商销售的产品。合同的措辞应当足够精确，以保证制造商在未来制定渠道决策灵活性，还要足够广泛，使经销商感觉比较舒服。对于要求专门技能或能力而现有渠道又不能满足这些要求的新产品，或者为了避免公司合并和收购另一家公司所造成的渠道重叠，很多公司保留使用其他渠道的权利。

附加销售条件和保修声明作为合同附件，可以由供应商不时地酌情修改。

合同应当包含带有主要责任区域条款的区域规定，也就是本章前面的市场覆盖部分讨论的内容。区域可以按地理来划分，或者也可以指定某个细分市场、行业，或者甚至可以是指定的客户。提供一个附件列出公司客户名单，并保留向列表中增加新名单的权力（不管是单方面增加还是获得经销商同意）。要详细描述在什么情况下允许直接销售。

独立代表合同的通常做法是合同无限期有效，解除合同需要提前合理的一段时间（30～90天）通知，到期后正式解除合同。需要详细说明销售得到代表佣金或订单的标准。用什么方法来确定佣金？应该什么时候支付佣金？合同解除后佣金如何处理？

随着全球客户和电子商务的成长，要找到一个能保证合理报酬的定义区域的方法变得越来越难。代理商可能在一个区域内指定一个产品，实际的销售可能发生在另一个区域，而产品可能会被运输到另一个地点。因此，详细说明佣金的处理方法是非常重要的。

有些意见还需要与现有的渠道成员签订新的合同。较小的变化一般通过双方签字的附录得到解决。

对较为重大的变化，需要双方进行协商。首先，尝试草拟看起来与旧合同很相似的新合同，尽可能地使重大变化看起来不那么明显。取得经销商已经处理完成的供应商竞争对手或者互补产品供应商的合同副本。如果建议的改变与经销商代表的其他公司的合同是一致的，那么经销商接受起来就更为容易。

如果上面的方法不可能实现，那么就准备详细解释为什么必须要做出改变，并在与经销商讨论时为区域代表提供一份书面指导。提前预计会遇到哪些反对意见，并准备好如何回答。

思考要点

我是否和渠道合作伙伴签订书面合同？
- ▶ 合同中是否明确规定了双方的义务？
- ▶ 我是否把会发生变化的条款分开放到附件当中，便于定期回顾和更新？
- ▶ 我是否和不同的渠道合作伙伴签订了不同的合同（例如一级授权加盟分销商）？

本章重点

▶ 违反反托拉斯法规定的行为（如价格固定）是本身违法，应当避免。

▶ 如果营销决策可能使公司进入法律的"灰色"地带，就必须在实施之前进行仔细评估。

▶ 与渠道合作伙伴共同制定书面合同,以明确双方的预期并最大程度降低未来法律诉讼的概率。

▶ 本章并非法律建议。对于本章中讨论的内容如果有疑问,可以向律师咨询。

注释

1. Foley & Lardner, *Product Distribution Law Guide* (Chicago: CCH Incorporated, 1999). Information can be found at either the CCH Web site (www.cch.com) or the Foley & Lardner Web site (www.foleylardner.com).
2. Ibid, p. 9025.
3. Ibid. p. 9069.
4. In addition to the *Product Distribution Law Guide* mentioned above, two other sources provide useful explanations of price discrimination and the Robinson-Patman Act. One is *The Complete Guide to Marketing and the Law* by Robert J. Posch, Jr. (Prentice Hall, 1988). The other is *Marketing Channels*, 5th edition, by Louis W. Stern, Adel El-Ansary, and Anne T. Coughlan (Prentice Hall, 1996).

第二部分
The Manager's Guide to Distribution Channels

战略决策

第 5 章

The Manager's Guide to Distribution Channels

明确客户需求

企业管理人员的产品路线图

正如在第一部分中讨论的,多种力量正在改变着分销的形态,这些力量可能需要你的公司重新思考自己的渠道设计。在企业进行并购时,渠道设计也可能需要被重新评估。针对市场渠道的初始评估应该是任何收购时应有的审慎过程的一部分。

所有这些议题都有助于明了渠道规划是否与公司发展方向相符。渠道设计的第二阶段(见图 5-1)是定义你的渠道需求。

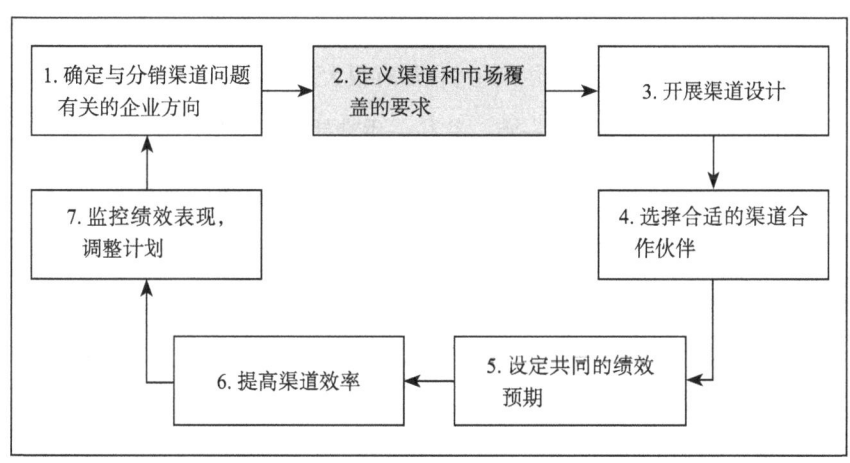

图 5-1 渠道重构的第二阶段

定义渠道和业务覆盖的需求

很少有企业不企图抓住所遇到的每一个机会,甚至妨害到现有业务的获利也在所不惜。菲利普·科特勒在很久以前就强调目标营销,汤姆·彼得斯则告诫我们要"坚守你的事业",克里斯·祖克(Chris Zook)现在提倡要保护你的核心业务,还有其他许多专家强调要重视回归基本,其观点即维护现有客户与获取新客户要花费同样(甚至更多)的努力。

那为什么还是有这么多的经理人仍然试图去随时满足所有人的所有需求呢?

不同顾客对渠道有不同的预期

开始先让我们对企业的市场渠道的现状进行评估,尽管这表面上看来平淡无奇。如同对待任何营销计划一样,你需要探究终端用户所想要的是什么?竞争动态如何?公司的产品需求和目标是什么?(注意,开始的评估重点在于最终用户身上,而之后的评估应该着重于渠道伙伴的需求和期望。)企业总是习惯性地通过花费大量资金来确定客户想买些什么(也就是新产品研发),但是未必都知道客户是如何去买的(也就是希望的渠道)。他们也可能很少知道不同类型的客户是希望如何去购买的。

举例来说,让我们假设你的企业销售一些办公耗材,例如胶带、钉书钉、纸张等。这些物品可能在不同用户群中的使用情况都大同小异,但是对于一般消费者、大客户和小客户而言,其购买的过程却有很大差别。

一般消费者通常就买那么一点,往往一手交钱一手交货。有些小客户也会用这种方式购买,而其他一些则可能喜欢信用交易、长期订单,或者需要送货上门。大客户可能要求批量购买折扣,并有明确的送货选择。在这些市场上,也可能有一些针对更加特殊需求而存在的较小的细分。

问题是,如何使你的顾客对渠道(现在和将来)期望或者要求成为你所喜好的采购决策。这里有一些需要考虑的因素。

- **技术建议**。如果你销售一种科技产品,顾客可能想知道如何使用这种产品，如何与现有产品一起使用以及如何安装等方面的建议。
- **产品可用性**。这可能包括充足的库存、直接送货的能力、满足即时需求的能力等。
- **整体解决方案**。对一些顾客来说，如果你的产品没有附加经销商的配套产品和服务，可能相对而言顾客购买该产品的用处就不是那么大。
- **支持服务**。客户可能会期待来自经销商方面的安装、维修和其他服务。
- **产品定制**。需要定制的客户会乐于和能够提供必要工程或集成技能的交易商打交道。

开始这一过程时，首先要定位不同的最终用户市场，随后从中确认重要的那些服务（和每一服务的水准）是什么。举例而言，仅仅询问顾客某种服务对他们重要与否是远远不够的。替代的做法是让客户讨论什么样的服务对他们是重要的，以及每种服务的重要程度如何？

开发一套类似于表5-1所示的工作表，这里提供了一家假设的技术信息公司的例子。该例中展示了三类不同的最终用户市场——消费者、小客户和大客户所期望的特定服务。与你的需要比较起来，这里所进行的市场分割太过宽泛和粗略，所举例子也很一般化，但我们在此仅用来进行说明。

注意在表5-1中消费者想要的是技术建议以及实用的产品示范。这包括适合于他们预期用途的一些特征方面的建议，以及一些能够立即在电脑上安装并使用的辅助产品。开放的注册培训课程或带回家自学的光盘指导，通常被认为是有用的特色。

表5-1 假设的细分市场对IT产品的偏好

	消费者	小客户	大客户
技术建议	希望实用的示范和解说	希望有持续的支持，渠道就如同一个代理的信息部门	只要有限的支持，由公司内部信息组自行处理
产品可用性	偏好即刻完成，但也愿意等待	偏好本地仓储并能够即时可用	偏好产品配送
总体解决方案	希望有计算机和相关的辅助产品	立即启用的操作	在业务与特定行业方面的软件和辅助产品

（续）

	消费者	小客户	大客户
支持服务	课堂和光盘培训	内部培训和支持	按需培训，必要时的替代品
产品定制	可能提供对现有库存适合的产品	偏好专门的配置	要求专门的配置

另一方面，小客户需要持续的支持。事实上，市场可能期望渠道像一个虚拟的 IT 部门一样提供安装、培训、升级和关于使用方面的咨询。

大客户则寻求大量、定制化的满足，并且极可能是由其内部 IT 部门指定产品。对于附属品和供应品方面，这些客户可能会监督合约以及合约外采购，品牌与私有品牌购买，并且能够获得成本节约报告。在这种市场上的制造商需要的是能够提供最大相关服务的渠道。

一旦发现了客户的期望以及需求，就要针对不同的渠道特征来决定与客户的期望和需求最匹配的渠道。不要指望一个单一的渠道能够全部满足所有这些不同的期望和需求。

针对每个目标市场，可以开发一个类似于表 5-2 的表格用来分析。这一特殊的表格对小客户所期望的那些渠道进行评估。"√"标记出你认为最好的提供了指定活动的渠道。有附加值的转销商和专门分销商最适合提供这个特殊的最终用户市场所期望的服务。类似的，对于其他市场的评估表格也可以给出不同的渠道建议。

表 5-2

	客户偏好（据前表）	零售	VAR	专门分销批发商	互联网	直销团队
技术建议	希望有现场示范和解说		√	√		√
产品可用性	喜欢即时实现，但也愿意等待			√	√	
全套解决方案	希望有计算机以及相应的辅助产品	√		√		
支持服务	课堂和光盘培训		√			√
产品定制	可能提供与现有库存相匹配的产品		√		√	√

在前面的例子里，主要是根据采购的规模来定义客户的，但是也可以用其他的方法。在家用与商用、垂直行业 A 和垂直行业 B、地理上的 X 客户与地理上的 Y 客户之间都可能有所差异。客户群之间的边界越清晰，就越容易设计不同的渠道结构来触及他们。

思考要点

我是否观察到不同的客户细分市场独特的服务需求？

▶ 我是否检查过现有渠道与每一客户的需求都匹配吗？

▶ 我支持我的渠道来满足这些需求吗？

渠道偏好并非一成不变

在研究客户渠道偏好的时候，要注意行为（他们现在是从什么渠道购买）和偏好（他们将来会喜欢什么样的渠道和渠道服务）两个方面。询问客户喜欢从哪一个渠道购买、他们会考虑从哪一个渠道购买，以及什么样的渠道是他们从不会考虑的。

提供一些诸如独立业务代表、类别分销商、专门分销商、大宗零售商、互联网和任何与你的行业有关的分类等类别。值得注意的是，虽然渠道类型之间的区别随着业务代表开始储存产品和分销商从事直接配送而变得日益模糊，但是提供类别这一步还是一个有用的起点。

一定要收集人口统计数据，比如年龄、性别、收入和住址等，或者"企业资料"数据，比如客户类型和规模、交易量和部门名称，如此来寻找不同需求的市场细分。[1] 也要鼓励讨论客户已经体验到的不同渠道（不是特殊企业）的问题和困难，以及他们可能提出的改善建议。

不同的环境可能会促进渠道的转变。规模缩减时，公司可能会优先从价格转向服务，因为客户需要渠道的更多支持来代替内部支持的缺失。当客户急需某一产品时，可能会放弃自己所忠诚的品牌，转而从拥有存货的渠道购买，而不是坐等订货。

沃尔沃汽车为我们提供了一个渠道功能应变不同环境的例子。在 1993～1995 年，Volvo GM 重型卡车公司的交易商开始报告关键零部件库存短缺。经过仔细分析，Volvo GM 确定虽然交易商能够很好地预测定期保养的零件需求不多，紧急情况的路边修理却是一种非常不同的情况。由于需求无法预测，而交易商又都不愿意随时储备各种零部件，因此就会出现库存短缺的问题。

为了处理这种情况，Volvo 建立了一个仓库来存储整套的卡车零件，并且与联邦快递公司签约，对紧急维修提供及时送货。这种做法实现了更好的供应链库存管理，使得交易商的收入增加了，并且 Volvo 也能够减少 3 个仓库。[2]

购买行为随着时间改变。当人们对产品或服务感到更加舒适时，就会变得更为满足。这时候首要条件也从服务和培训，转移到更容易地开展业务和降低价格上来。此时，企业需要考虑理顺渠道（并提供客户想要的），而非增加一些不必要的增加值服务（并把客户推向他们不想买的）。

这并不意味着暗示企业应该求助于折扣和价格战，而是说，企业应该考虑把这些渠道的变化作为大战略的一部分，其中还涉及新产品研发和其他努力。

产业与竞争

一旦你确定了目标终端客户所想要的和期望的渠道表现，你必须还要评估竞争对手的入市渠道。竞争对手（他们过去采用传统分销商）在渠道组合中增加大卖场了吗？是否已经从专门分销商转变为类别分销商？有没有突出非传统渠道？导致这些转变的原因是什么？

如果分销商销售给交易商或者零售商，那么理解其中的关系就是很重要的。即时库存管理对独立的零售商而言非常重要，因为这能帮助他们与大卖场进行竞争，而这些零售商自己没有大型的仓库。对于一个需要通过"两步"才能进入这种市场的制造商来说，必须拥有作为指定渠道所需要的能力。

类似的，一些交易商和零售商已经开始依赖并且希望有来自其经销商的真正的供应链管理和物流服务。举个例子，Brightpoint 是一家总部在印第安纳州波利斯的经销商，服务于电子连锁的大卖场，包装设备制造商将配件包装成不同零售商的包装。位于明尼阿波利斯的 Navarre 分销服务公司，对于特殊客户的产品采用价格和回扣管理，并且维持卖主管理的库存系统来提供对零售商的类别管理。总部位于宾州哈里斯堡的 D&H 公司，在全美有六个分销中心，这些中心使得公司品牌产品可以横跨大陆直接运送。他们的客户可以通过 D&H 网站下订单并跟踪订单。[3]

金融服务业也曾经历过影响渠道需求的改变。举例来说，Grange Mutual Insurance 和 State Farm Insurance 等保险公司，都开设了银行扩展为其客户提供金融和保险服务。美洲银行拥有超过 1 000 名金融顾问，其中的 95% 都拥有寿险销售资格。[4] 金融服务和保险公司都正在适应自己所处行业的渠道需求。

行业中的高科技公司，比如电子、化学和制药公司等，将生产外包给合同制造商，并期望分销商能提供供应链解决方案。他们期望的活动包括"库存管理、担保和托运库存项目、零部件流程控制、物流管理、组合供应商搜索和管理输入"。[5] 行业的情况和竞争公司的行为，都会影响到其对渠道绩效的预期。

产品需求影响渠道选择

在渠道设计过程中除了评估客户和竞争事项外，你还必须要考虑产品的需求。一般地，较为复杂的产品往往是"高接触"的，意味着它们需要更多的人员联系和服务。而现成的、标准化的产品则是"低接触"的，需要较少的人员互动。图 5-2 显示了渠道类型的高接触与低接触，以及按直接和间接的分类情况。

	高接触	低接触
直接	销售队伍、企业所有的销售人员、国外直接投资	企业网站、电话销售、直接邮购
间接	制造商的代表、特约经销商、有增加值的转销商、经销商、批发商等	类别经销商、大规模零售商、第三方网站

图 5-2 按照服务需求分类的渠道类型

高接触、直接渠道包括你自己的销售队伍和公司所有的销售人员（国内和国外）。在这一团队中你可以对于培训、绩效度量和品牌净值等施加显著的控制。低接触、直接渠道包括公司网站、电话销售和直邮。尽管你保持控制，但仍然缺乏与客户的双向对话。

高接触、间接渠道包括制造商的代表、特约经销商、有增加值的转销商和经纪商/批发商。这些渠道中的个体通常具有很强的行业知识和良好的客户关系，但是必须是运营于他们感兴趣的企业而不是你的公司。低接触、间接渠道包括类别经销商、大规模零售商和第三方网站，提供了接触和（至少具有前面两种）当地库存方面的优势。

Friedman 与 Furey 在其合著的《渠道优势》[6] 一书中提出了以下 9 个特征作为合格的产品与渠道匹配的指标。

1. **定义**：产品被轻易知晓和识别的程度。大多数成熟的、包装好的消费产品满足这一点。定义越清晰，就越容易采用低接触、间接渠道。

2. **定制**：客户要求的大量的产品适应性。这可以从提供一个具有不同功能的产品到提供全部定制的产品。定制的要求越多，越是适合高接触渠道。

3. **整合**：产品是否是独立的解决方案。举例而言，在计算机中硬件要有软件才能运行，并且没有一个完整的解决方案能不需要软件的。如果一个产品必须要和来自其他企业的互补产品"捆绑"在一起才能为客户提供一个整体解决方案的话，可能就需要间接渠道。

4. **排他性**：产品的独特性。独特性的感受部分来自可得性的降低。被视为独特的产品通常会适合直接渠道，或者是有选择的高接触、间接渠道。

5. **客户教育**：销售过程中和售后所需要的知识。许多非常复杂的产品可为客户带来的利益可能不是非常明显，客户需要的培训越多，对高接触渠道的需求就越大。

6. **替代性**：一个产品被竞争产品代替的难易程度。一个产品越是容易被替代，公司就越要对直接渠道施加控制。另一方面，如果客户不想偏离他们的途径去购买一个特殊品牌，可能就必须储存在大卖场的渠道。

7. **成熟度：** 一个产品处在生命周期的阶段。新问世的产品可能定义不多，需要更多的客户培训、更需要高接触渠道。随着产品达到商品阶段，低接触和间接渠道就会变得比较适合。

8. **客户风险：** 指一个错误决策导致的潜在后果（商业、个人和健康等）。举个例子，错误的或不充分的保险覆盖可能在一开始就有害。风险越大，就越需要高接触渠道。

9. **谈判：** 销售的复杂度对一个简单交易妨碍的程度。即投标情况、工程方法和不同的服务能够适应不同的环境。需要谈判的产品销售倾向于高接触渠道。

在大多传统情况，渠道被认为是提供完全的套装，制造商选择分销商、销售商、业务代表等，他们提供了大部分的必要服务。近年来，企业开始分解渠道功能和活动以便更好地实现价值提供。通过分析需要的活动和提供活动的成本，制造商能更好地让渠道满足客户需求。

理解产品需求将有助于评价不同渠道类型的生存能力。但是考虑一个企业短期和长期的愿景也是非常重要的。企业是否有进入新市场、涉足海外或者在并购之后强化渠道的目标？感兴趣的产品和服务的目标盈收是多少？达到这些目标的业务覆盖需求是什么？

必须寻找有效的业务覆盖范围

业务覆盖范围的决定不是基于一门精确的科学。一家企业必须决定想要的业务范围是区域性的、全国性的还是国际性的覆盖；产品是否需要主动的或者受控制的（选择的）分销；它们的财务目标是什么？在这些决策制定之后，还必须有必要的权衡替换（除非完全没有时间、资源或者预算等方面的约束！）。

要达到一个预先设定的市场份额占有目标，可能必须要有一个比严格的产品预期更为主动的分销渠道。如果要获得快速的垂直市场的增长，可能必须有比原经销商功能更多的专门的经销商。

一些贸易协会提供了对市场潜力的估计，甚至可能还是基于贸易区域划分的。一个贸易区域可以被定义为一个邮政区号、城市、州或者以上这些组合所确定的区域，还可以包括潜在的周围独立的地区。举个例子，代理机构销售杂志，就把美国划分为 28 个标准的贸易区域（以及一些国际贸易区）。他们的业务代表（像第 8 章中讨论的）就使用这些标准的贸易区进行搜索和布置。

贸易区域设计只是一个起点，你还需要从自己的销售队伍所提供的资料来决定特定的贸易区域对你的需求而言是大了还是小了。一旦确定了贸易区域的规模，就要依据客户调查（关于他们买什么），经销商提供的信息、行业评估，或者对给定行业类别的企业进行的调查统计或对总消费人口（参见 www.censur.gov 中关于数据来源和使用的说明）的调查统计，来估计市场潜力。之后再比较你的当前销售与此市场潜力，来计算你的市场份额。如果每一区域的市场份额都少于预期，可能要归因于包括产品适合度（Product fit）、分销能见度（distribution availability）和胜率（win rate）在内的一个或者多个因素。[7]

产品适合度指你的产品或服务"适合"整体市场的百分比。举例来说，如果你的产品仅仅与总体市场中的某个利基市场相关，或者你的产品有明显的差距，你的产品将不适合整体市场。

分销能见度是指你的产品呈现出来的机会的百分比。如果你的产品在每一个类型渠道中，通过所有的媒介都能够呈现出来，那么能见度就是 100%。最后，胜率是指你的产品如何经常赢得销售，即得 / 失比率。

在你的产品与总体市场（产品适合度）有 60% 相关的情况下，潜在的能够进入的服务市场（分销能见度）是 80%，并且赢得销售的可能性是 30%（胜率），你的市场份额就是 14%，计算过程如下所示：

$$市场份额 = 产品适合度 \times 分销能见度 \times 胜率$$

$$14\% = 60\% \times 80\% \times 30\%$$

为了提高这些数字，你必须分解这些数据。产品适合度可以通过更好的产品研发、采用更为完整的产品线和改进的客户沟通来提高。分销能见度可以通过增加聚焦于正确的最终客户团队的经销商来改进。胜率可以通过给你的渠道提供更好的支持，扩展公司品牌和营销努力，确保合适的价格点以及保证为客户提供合适的解决方案来提高。

在上面的例子中，最差的数字（30%）是胜率，因此主要的关注点应该放到提高价值上。与竞争对手的相比，是产品被认为差吗？加强销售培训能提高胜率吗？

> **思考要点**
>
> 我的渠道的业务覆盖有效吗？
> ▶ 我为目标客户提供了充足的正确的产品了吗？
> ▶ 我的产品为客户提供了充分并且正确的定位了吗？
> ▶ 作为满足客户需求的一项选择，我的渠道伙伴经常向他们的客户展示我的产品吗？

开发渠道设计

在获得了第二阶段中关于渠道和覆盖需求的理解之后，你就可以开始评估现有的渠道并改进现有渠道的绩效，朝着一个新的渠道战略而努力。为了改善现有渠道，你可以选择招聘新的分销商填补个别地区的空缺，减少那些没有增长性的分销商，或与其他分销商一起合作，帮助他们更好地成长。

单独一个渠道不太可能满足所有需求，即使只是一个目标细分市场（如前所示）的所有需求。此外，与各种可能设施都已定义好的目标市场相比而言，你的产品可能需要不同的渠道服务。举例来说，来自保险业贸易协会的统计数据揭示，当今一家寿险公司能够支持的分销渠道平均个数是 4 个。[8]

因此，你的工作既要寻找一个最佳匹配，选择多个渠道，以便满足特别需求方面的灵活性，以及增加来自不同来源的服务，建立你自己的组合渠道。

以定义主要的产品和市场影响渠道决策为开始。我们扩展前面的 IT 企业的例子，把包括消费者、小客户和大客户三个细分市场中的现成产品、定制产品和辅助产品包括进来。这些显示在图 5-3 中。

产品\市场	现成产品	定制	辅助产品
消费者	低接触渠道	低接触直接或高接触间接	间接渠道
小客户		高接触	
大客户			

图 5-3　产品—市场渠道表

现成产品是不被定制的，并且比其他的产品更加成熟、定义明晰，可以采用于低接触渠道。定制的产品需要更多的谈判和培训，需通过高接触渠道。然而，给定消费市场财务的现实情况，直接的销售团队会不适合，应该需要以低接触、直接或者高接触、间接渠道代替。

辅助产品不是独立的解决方案，并且依赖间接渠道，尤其当它们是"一般"商品时。另一方面，如果量足够大，并通过定制的方式销售，高接触渠道就会比较适合。

注意，在产品需求和客户需求之间存在着互动，使得有些特定的产品—市场最好由不同类型的渠道来服务。供应办公产品的经销商懂得要去区分大客户对其所购买的主要的商业产品的不同需求。

Boise 办公解决方案中的"客户洞察力报告"，详细描述了多个地区的客户的购买行为，这有助于企业采购部门监测用户是否与全国一致。2003 年春天，Staples 公司开始对多家客户试行"零回收"项目。通过这一项目，客户把物品捐献给慈善事业，而不是退回给公司，客户同时还获得信用上的增加。该项目的目的是理顺内部流程，从而降低成本。[9] 在这两个例子中，制造商都是与渠道紧密合作，满足特定的产品—市场需求。

管理层需要对什么样的选择和最好的前进路径做出决策。决策一旦做出，下一个要进行的事项就是决定要合作的经销商或渠道伙伴的数目。一开始要先估计每一产品市场总的盈利机会，并决定每一个经销商的实际销售基准。然后用销售基准去除盈利机会，计算一个所需要的经销商的大概数字。

如果数据显示你有充足的经销商，检视一下早先描述过的区域分析，决定你是否拥有所需要的适合的业务覆盖。你或许要增加特定区域的经销商，或许要提高他们的生产效率。

此外，你要依据产品—市场销售额和服务需求，决定能否由现有的经销商来处理，或是否必须求助于地区服务伙伴。很可能是你需要多个渠道才能完成财务目标。第 6 章和第 7 章更进一步地探讨了这些事项。你的目标是要为每一个产品市场决定正确的渠道，确定每一个渠道中合适的渠道伙伴数目，找到改善渠道绩效的最好工具。

只要市场上存在着多重渠道，渠道之间的冲突就将是不可避免的。但并不是说所有的冲突都不好，有些渠道冲突甚至还会对制造商有正面效果，比如那些过时的或者不经济的市场参与者会被迫适应或做出改进。然而，在任何可能的情况下都尽量减小渠道冲突通常是一个良好的渠道设计要达到的目标。

选择合适的渠道伙伴

到现在为止，在给定目标客户需求、给定产品和公司内部目标的情况下，你已经决定了要采用的最好的渠道类型。你已经决定在哪些贸易区域增加渠道伙伴或者改变渠道结构，同时最小化不必要的冲突。你已经整理了满足要求的候选渠道伙伴名单。

最合适的渠道伙伴应该有与你的目标以及本章所描述的渠道需求相一致的商业模式。第 8 章描述了实现最好的渠道谈判的搜寻方法和过程。第 9 章通过分清制造商和分销商在目标方面的差异，来促成谈判过程。

建立相互的绩效预期

要建立正确的渠道设计,就需要花费很大精力去识别理想的渠道,并选择能够承载这些理想的候选渠道伙伴。然而,激励和管理将始终是保证获得持续成功结果所必须的。

再有,条件会随着时间而改变,对渠道的支持和监控也将需要在这些改变中灵活变动。本书第三部分聚焦于对渠道中的持续关系进行管理。第10章特别强调了互相期望的重要性。有一些指标可以用来度量绩效,主要包括:

- 销售量
- 对目标客户的销售率
- 销售增长率
- 运营边际
- 库存周转率
- 平均库存
- 库存销售率
- 每月销售电话
- 实现销售配额
- 市场份额
- 实际与计划的销售比率
- 企业抱怨程度
- 库存水平
- 客户满意度
- 库存投资毛利(GMROI)

最后一项指标 GMROI 是盈利管理和库存管理的结合,允许分销商或者经销商用投资回报来评估库存,而不只是用简单的毛利率。

提高渠道效率

第 11 章将讨论为了激励和改进渠道合作伙伴绩效，制造商可能提供的多种方案。其中一些是短期的（比如新产品竞争），而其他一些则是持续的（如合作广告项目）。作为一个开始点，把你计划支持的项目与竞争对手进行比较，并用图 5-4 所示的形式判断是谁给渠道提供了"最好"的项目。

项目	公司 A	B	C	最好的
营销				
传播				
宣传材料	○	○	○	B：创建顾客时事通信
货架展示	○	●	●	C：提供互动工具
网络展示	●	○	○	A：简单的插页
合作基金	1%～7%	1%～2%	2%～4%	
引导推举				
网络热点联接	●	—	—	A：给伙伴的购物车
可能顾客数据库	—	●	●	C：在线访问顾客
直接邮递简介	○	○	○	C：优先级
事件营销				
商业展示	●	●	●	A：没有额外成本的共同主办人
行业事件	—	●	●	B：组织行业事件
销售支持				
联合销售电话	○	○	●	A：比别人打更多的销售电话
销售培训	●	●	●	B：提供灵活的培训
附加材料	○/●	○/●	○/●	A：每季度 175 美元的免费额

注：○＝免费获得　●＝付费获得　—＝不可用

图 5-4　竞争性支持项目

开发评估矩阵来评估项目的有效性。用这一项目寻找更多的伙伴。考虑一下想要的结果，由此判断你愿意在渠道项目中的花费，并根据这些成果开发来评估矩阵。

监控绩效并调整计划

过程的最后一个阶段是对渠道进行检查，并且进行必要调整。虽然部分检查过程将作为正在进行的监控过程的一个非正式部分进行，但是通过正式的调查、经销商建议顾问和定期的经销商评估（参见第12章）还是很有用处的。经销商评估过程的部分会涉及决定个别经销商成长的可能性。[10]

经销商（像任何业务一样）可以分为自我成长型、可成长型和不可成长型三类。自我成长型经销商是顽强的商人，渴望发展他们将来的事业，制订计划并实施。通常，这一类型的经销商无论有无帮助都会成长。

可成长型的经销商是那些自己有业务成长渴望，但需要得到供应商的帮助。不可成长型是那些满足于现状的经销商。

有时候，供应商也会在这几种类型的经销商之间错误地分配资源，因为我们常常为了扭转不可成长型经销商的业绩，而花费时间和精力去提供支持。又因为我们通常乐于接受自我成长的经销商，我们就奖励其额外的基金和支持，然而他们不需要这些也能够成功。这就给那些可成长型的经销商留下有限的时间和资金，而实际上这部分经销商才是真正会从你的支持中获得益处的，如图5-5中虚线所示。制造商应该最大可能地减少他们对两个极端的支持，从而可以对可成长型的经销商给予更多的支持。

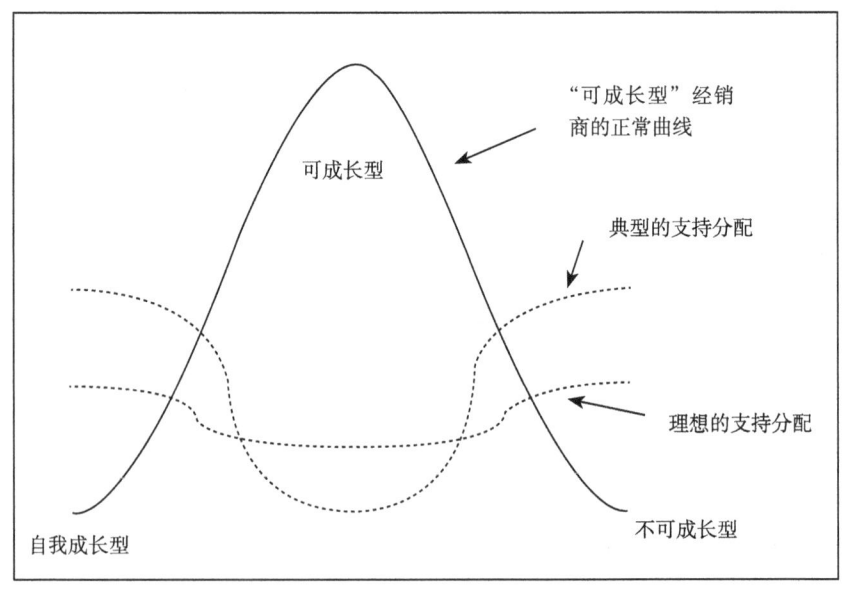

图 5-5　分销商可成长性

部分检查工作应该包括你自身作为一个供应商的表现如何？一些这类信息来自经销商的建议。然而，如果有经销商针对你和其他供应商绩效进行对比调查，将是非常有启发性的。表 5-3 展示了一个改编自某制造商用来收集渠道意见的调查范例。

说明：

（1）查看每一项，并且对其绩效按 1~5 打分（第 3 列），1 代表最低分，5 代表最高分。

（2）选择其他两家供应商，在"竞争供应商"下面列出他们的名字。

（3）对我们公司和其他两家供应商在所指定的项目上的绩效按 1~5 进行评分，1 代表最低分，5 代表最高分。

表 5-3 经销商满意度调查

事项	描述	重要性（1~5）	供应商评分（1~5）			评论
			我们公司	竞争供应商	竞争供应商	
产品创新	真正的改进；不仅仅是"我也有这样的"产品					
产品可得性	按时送货					
	最小延期交货					
	准确送货					
响应	对需求的快速响应					
产品知识	供应商员工具备充分的产品知识					
支持	合理处理退货					
	有效保证					
	高质量的分销培训					
	有效的促销支持					
	联合销售电话					
	合理的退货政策					
易于交易	方便的订单检查					
	易于找到工作人员					

（续）

事项	描述	重要性（1~5）	供应商评分（1~5）			评论
			我们公司	竞争供应商	竞争供应商	
	一致的定价					
	合理获利					
总体						

本章重点

▶ 定义渠道需求，应该从检查不同优先级最终用户的期望、不同产品的销售需求和最后的产品——市场需求开始。

▶ 对区域覆盖的评估应该考虑产品适应度、分销能见度和胜率。

▶ 渠道设计可能超越传统结构，包括不同的产品市场渠道和与传统企业合作来提供选择服务。

▶ 招募正确的合作伙伴要比试图改变错误的伙伴更加有效。

▶ 比较你的支持项目与竞争对手的项目，并分析哪些是最好的。

▶ 用可成长性量尺、满意度调查、建议咨询，来改善你对渠道提供的支持。

注释

1. Although now out of print, *Segmentation Marketing* by John Berrigan and Carl Finkbeiner (New York: HarperBusiness, 1992) provided an interesting discussion on profiling and understanding business-to-business market segments. For consumer markets, *Segmentation and Positioning for Strategic Marketing Decisions* by James Myers (Chicago: American Marketing Association, 1996) offers a more statistical and psychographic perspective on segmentation. Many firms with good customer relationship management systems would also be able to perform this type of analysis.
2. James A. Narus and James C. Anderson, "Rethinking Distribution," *Harvard Business Review*, July-August 1996, pp. 112-120.
3. Alan Wolf, "Distributors Playing a Larger Role in Retail Operations," *Twice*, 24 March 2003, pp. 20-22.
4. Lee Ann Gjertsen, "B of A Insurance-Sales Play: Commercial-Free," *American Banker*, 11 August 2001, p. 1.

5. James P. Morgan, "Distributors, CMs Find a Place in the Supply Chain," *Purchasing*, 6 March 2003, Vol. 132, No. 4, p. 25.
6. Lawrence G. Friedman and Timothy R. Furey, *The Channel Advantage* (London, England: Butterworth-Heinemann, 1999). Chapter 4 provides a more thorough discussion of product-channel fit.
7. The discussion on the channel's impact on market share was adapted from information from the consultancy, Frank Lynn & Associates (www.franklynn.com).
8. Barry Higgins, "Advanced Sales Areas Face Challenge of Quantifying Efforts," *National Underwriter*, 2 December 2002, p. 44.
9. Anonymous, "Need Help Managing Costs? Distributors Can Lend Hand," *Purchasing*, 15 May 2003, pp 57-59.
10. Adapted from Frank Lynn & Associates, see Note 7.

第 6 章
The Manager's Guide to Distribution Channels
渠道设计

考察了一些影响渠道选择的方面和战略因素之后,问题来了:具体实施渠道重构的分析技术和关键要素是什么呢?如同最初在第 1 章中看到的,图 6-1 展示了一种条理清晰、阶段分明的方法来检查公司现况,以便对渠道策略和商业计划进行再设计。

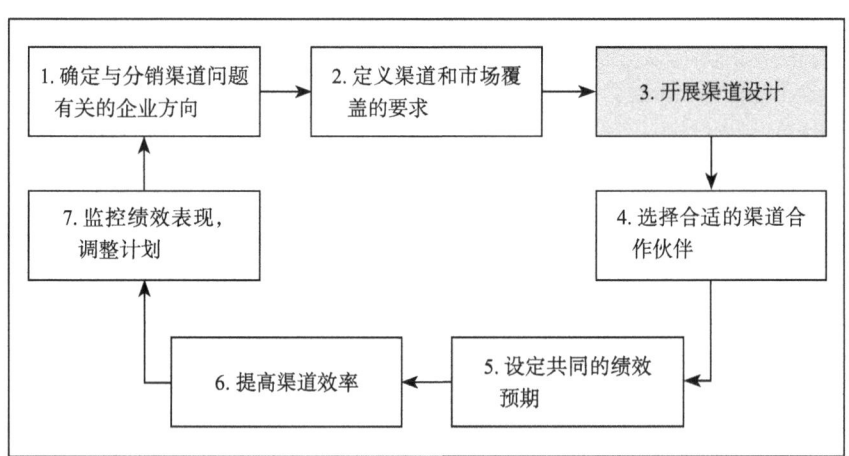

图 6-1　渠道重构的第三阶段

企业都会持续地检验、精炼自己的方法。现在,你应该运用前面提到的信息来构建渠道。具体而言,可以通过这些方式:(1)调整已有渠道,改善公司状况;(2)选择多种渠道,灵活地满足那些被分割的终端用户和顾客的需求;(3)如有必要，通过契约或外包各种不同的服务建立混合渠道，从而更有效地满足相同或不同的终端用户需求。

本章的目标聚焦在变革管理流程的第三阶段，开发并实施渠道，实现第一部分中讨论的组织目标和战略倡议。后续章节将探讨与选择目标渠道和渠道成员有关的策略开创与实施。

回顾渠道目标

尽管公司目标在渠道设计和改进的第一阶段就经过评估，但定期地回顾那些"大局"目标，以确保任何渠道调整都能与企业的方向一致，还是十分有益的。你的渠道设计是否是实现收入/利润目标、产品与市场目标、全球性成长（如果这是一个公司目标的话）和实施你的营销计划时最为有效的方法？这些问题你都要经常自问。

让我们关注一个为医院、诊所实验室提供全套产品和服务的医疗设备制造商的例子。它的一个关键的战略目标是更接近患者和诊所的运作，让实验室减少闲置时间，增加利润和提高生产效率。在这一行业，许多制造商都安装了电子监控系统，通过与现场服务中心的通讯联结，实现远程监控设备的运行。同时，这些设备制造商还与实验室基于病患管理系统协同工作，以便安排设备的使用时间。

设备的使用和功能受到监控的同时，一些更为先进的预防性维护程序可以保证设备的运行时间、提高设备/操作者生产率。因此，设备制造商建立起更加接近患者和操作人员的渠道，以便确定真实的使用情况，而不是依靠故障信息和使用情况报告等二手数据。

如果渠道中还牵涉到分销商，那么二手甚至三手信息就会产生一些不可靠的补充数据，结果导致库存混乱。由于医疗设备制造商更加接近最终用户，预测体现出更多协作功能，而不是由贸易伙伴依赖传统的采购和库存控制流程所提供的孤立的预测和调度系统。

全球化对渠道战略也有影响。一家具有全球扩张目标的企业应该确定其战略，逐个国家地考虑其优先进入市场的努力。渠道设计随之也应该与这些努力一致。

让人遗憾的是，最常出现的情况是一个更为随机的过程，借此，制造商从另外一个国家的分销商或代理商那里获得一份订单，并用这一采购订单开始其国际分销。

不管可能需要渠道改变的类型，如果制造商被作为整体接纳而且已经花费了时间与渠道伙伴建立起信任，渠道改变的执行就会被认可。表 6-1 包含适用于制造商用来判断自己的信用水平以及识别改进途径的自我评价的模板。

可能需要几个人来完成该模板以便寻找机会，以免个人可能错失。表 6-1 中第一列包含了与感知信任有关的 9 个因素；第二列用于对你的绩效按照每一个因素进行分级；你可以用最后一列写下改进的步骤或建议。

> **思考要点**
>
> 企业的主要战略目标是什么？
> ▶ 该目标是否能够藉由现有渠道结构实现？
> ▶ 我是否根据自己的渠道结构优化了新的目标市场（或者国家）？

表 6-1　信任评估

因素	分数（1～5）	指示改进分数的措施
诚实：你是否被认为是守信用的企业		
双向沟通：你是否经常与渠道伙伴分享信息并听取他们的反馈意见		
公平：你能平等地对待所有渠道伙伴吗？是不是有实际的申诉过程		
连贯性：你的政策和程序是保持连贯的吗		
知识：你显示出自己具有的行业和市场的知识了吗		
尊重：你对你的渠道伙伴尊重吗		
相互依赖：你是否愿意放弃一定的独立性，而与渠道伙伴合作呢		
同理心：你了解分销商和交易者的世界吗？是否心中考虑着他们的利益		
能力：你的渠道伙伴相信你能够做到吗		

说明：按照表中所列的 9 项因素逐一评定公司的分数，评估在渠道成员中所获得的信任水平，然后提出你能改善评分的步骤。

革新现有渠道

未经仔细考量，企业不要轻易改变渠道结构。有时现有渠道设计基本上是适合的，只需要做一些能够适合公司和战略目标并满足客户需求的调整。即使有大客户要求直销渠道，制造商能否掌控所有与直销相关服务的能力，也应该进行评估。渠道改变可能会因为没有改进对最终客户的服务而引发渠道冲突。

Caterpillar 公司曾公开宣称，其分销和产品支持系统给公司带来了显著的竞争优势。其管理层发现，当地的交易商早已成为社区的一员，并因此与最终客户之间有着紧密的联系。他们在 Caterpillar 公司产品的前、中、后过程中提供广泛的服务，而这些服务是无法由制造商有效提供的。事实上，厂家用来评估潜在新产品的两条标准，是它们是否适合现有的分销系统，以及分销系统能否增加产品价值。[1]

许多高科技公司，如 IBM、微软以及思科公司等，都已经实现了增值转销商(VARs) 的价值，并制定有冲突最小化的政策（如 2002 年的）。在 IBM 案例中，如果没有管理层的允许，他们的软件业务代表就不能接受客户的直接订单，并且被期望在交易的时候要与当地的渠道伙伴合作。

微软鼓励其销售人员与渠道伙伴合作，对那些由直接（内部）人员销售的产品或许可证，也给渠道伙伴提供佣金。思科公司把对销售人员的奖金与渠道伙伴参与结合起来，只有当那些产品是通过方案提供者销售给客户时，其直销团队才会受到奖励。[2] 在所有这些案例中，制造商认为其现有渠道结构是最适合于其长期目标的，并且提出一些政策保护现有渠道成员。

对现有渠道的革新可以包括重新构建和调整战略，来激励分销商、业务代表和交易商实现更高的绩效，并放大渠道优势、弥补劣势。作为重新构建的一个例子，制造商已经开始从批发折扣转向提供活动补偿，奖励渠道伙伴实现增值功能，这样来促使渠道更加有效。这些功能包括在团队中有产品线专家、提供供应商管理的库存服务、培训客户或者维护展示室等。比如微软，在 20 世纪 90 年代中期曾提出一个新的奖励制度，为每一个服务电话提供一份费用，鼓励其方案提供者能够向最终客户提供有利的服务。[3] 在这种情况下，主要的策略目标是去改善与渠道伙伴之间的工作关系。

开始这一过程时，搞清楚哪一个渠道伙伴做的最好（或最差），是很有帮助的。首先检查是否有些功能可以在渠道伙伴之间转换，来改善整个渠道的效率。表 6-2 提供了一个工作表格，可以用来优化成本，并评估每一个渠道伙伴提供指定功能的效果如何。

表 6-2　渠道伙伴价值评估：用来分析成员功能的工作表

功能责任 （谁做什么）	制造商	中介 / 服务商	经销商	交易商 / 合同商	最终用户
产品设计					
营销					
促销					
销售					
客户服务 / 订单输入					
现场服务支持					
进口					
质量保证					
库存管理					
制造 / 转换					
制造 / 运营					
运输					
仓储					
出口					
发票和账单					
信用和收账					
退货					
IT/ 数据仓库					
人力资源					
战略规划					
供应链规划					
资本财务					

当然，随着渠道伙伴数量的增加，要进行功能转换就变得不是很容易了。惠普公司的中小型商务（SMB）组织有超过 20 000 家渠道伙伴，销售从便携计算器到计算机网络的所有产品。为了管理交互关系，公司建立了一个伙伴关系管理（PRM）程序——类似客户关系管理（CRM）程序，利用技术为关系注入价值。[4] 其他一些公司对经销商进行了分类，如首要的、授权的和附属的等。尽管制造商用这些不同的分销商层级企图改善渠道关系，然而只要有一家有能力、有想法从其他的渠道成员那儿抢得商机的话，渠道中就会存在冲突。

现有渠道中的冲突

如上文所提到的，制造商提出渠道商可以获得特别补贴和价格的绩效需求，试图借此减少其现有渠道之间的冲突。举例来说，一个首要经销商可能要分享其市场分析数据，拥有外部销售队伍并建立客户计划，维持特定的库存，提供完整的服务和维修功能，从而换取理想的价格和产品供应。

授权经销商可能要分享市场分析数据、拥有电子营销运营以及保证特定的库存。附属经销商可能在不需要给予特别价格和补贴的情况下，就能拿到制造商的产品。

当给定区域拥有的经销商过多时，或者当一个经销商到另外一个经销商的领地抢占客户的时候，就会有价格竞争和冲突发生。供应商试图通过建立独家区域（封闭）或优先负责区域（APR）来减少渠道冲突。设立独家区域时，应该向法律顾问咨询以确保没有触犯反托拉斯法的潜在可能。当分销商被赋予 APR 时，通常会被期望在声明的区域（按地理划分的或者是基于客户/行业的）内必须达到特定的销售量。向其他经销商领地销售就可能不再享受配额，或者会是"盈利逾越"的政策，这种情况下是要与受到影响的经销商分享一些盈利的。

最后一个可能产生冲突的领域是，一些现有的渠道伙伴并不能够执行你的战略和实现客户需求。这可能是你的战略和经销商战略之间方向分歧的结果，也可能是最初的选择就是不恰当的。每一种情况，都会发生冲突。在这种情况下，制造商必须决定某个渠道伙伴是否能够而且将要进行一些与你的方向保持一致的改变，或者最好与它分道扬镳。

> **思考要点**
> 我是否仔细地评估了现有渠道结构，以寻找可以改进的方面？
> ▶ 是否可以通过调整不同渠道伙伴的职能，并对他们进行适当的补偿，来实现改善？
> ▶ 是否采取行动，在做任何改变时维持信任并减少渠道伙伴之间的冲突？

多渠道管理

越来越少的公司只运用单一的渠道结构去触及市场了。当市场上存在不同需求的细分市场或者显著差别的产品市场时，就可能必须要用不同的渠道进入这些市场。公司必须探究它们的客户或者公司的目标是否需要一个直接或者间接的渠道、一步还是两步分销、专门或综合中间商、非传统的进入市场方法或者这些方法的某种组合。

选择是庞杂的。雷曼兄弟（Lehman Brothers）是一家全球金融咨询公司，该公司发现，在美国有超过 30 万家经销商，其中大部分没有上市，年收入少于 2 500 万美元。只有 120 家是公开上市交易的经销商，并且他们主要集中在：（1）食品、杂货和零售产品；（2）技术产品；（3）医疗保健产品。[5] 图 6-2 展示了一个相对简单的渠道结构，该渠道有多种方法接触最终客户。

每一种方法都有其潜在的优劣。直销渠道可以与最终客户建立更强的联系，但也可能是成本方面所不允许的，或者不能满足客户想要的完整解决方案。间接渠道可以让客户进行一站式购物，但也可能被认为会增加花费。企业在处理多渠道时，要努力寻求渠道能力和客户需求之间的最佳匹配，并且随后制定出减少潜在冲突的计划。

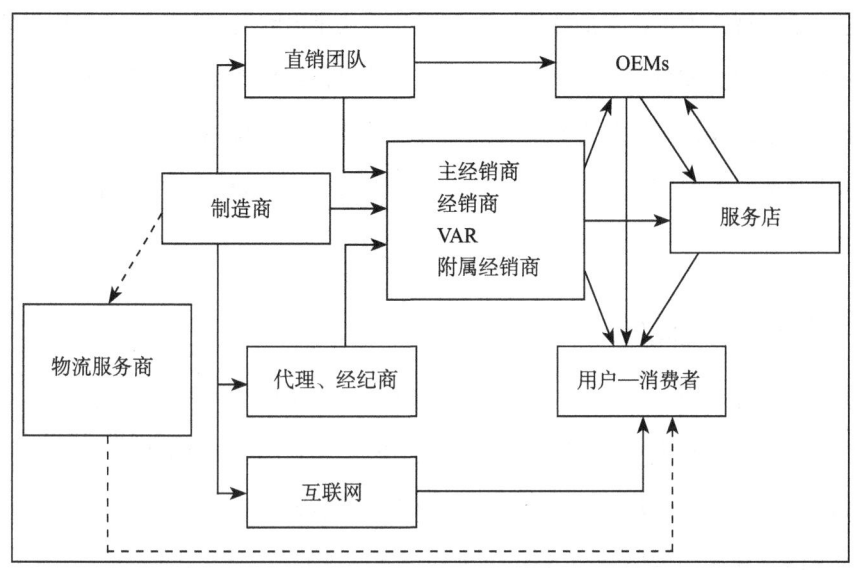

图 6-2　简化的多渠道结构

在新渠道上与制造商的冲突

当有本地客户、全国客户或者制造商想获取控制的其他情形时，冲突就可能发生。渠道成员害怕损失现有的收入，也担心制造商可能将其排挤出未来的业务。这些担忧都不无道理。

为了减少冲突，制造商应该根据最初的分销合同（见第 4 章）指定本地客户的（在特殊情况下）权利。这是应该向国内供应商和渠道成员都要讲清楚的公平程序，以避免损害这段时间已经建立起来的信任。最让销售代表担心的是，当领地一旦达到一定的规模，其业务就会被拿走并且转交给直销人员。

互联网销售也可能造成进退两难的困局，因为直销可能被认为是一种威胁。许多企业会用网站向客户提供信息，但随后将其推介给最近的经销商来进行实际的交易。

欧文斯科宁（Owens Corning）公司试图减少对传统销售渠道的依赖，并通过在一些劳氏公司（Lowe's）的店面设立家居改装合同摊位以更加接近最终消费者的时候，遇到了渠道冲突。家居改装合同商——制造商的一个重要的现有渠道，将这一举动视为不可接受的威胁,并且在随后几年内欧文斯科宁公司没有再继续这一项目。现在该公司正尝试另外一个直销项目,即集中在"杂工"方面(比如地下室修整,或者修理水龙头漏水),而不是覆盖屋顶、砌墙等这些可能和传统合同客户竞争的工作。[6] 通过把新的直接渠道应用于不同的最终客户应用上,冲突也随之减少了。

不同渠道之间的冲突

有时,不同的渠道在面向不同的消费群体(比如消费与商业渠道)、不同的价位(比如专门与综合渠道)或不同的应用条件(比如便利与全面支持的渠道)时,都会引发冲突。供应商可能向不同的渠道提供不同的产品或品牌(比如,Black&Decker 面向零售渠道,DeWal 面向专业渠道)。

李维斯(Levi Strauss & Company)曾经试图通过零售商以不同的价格销售不同风格的产品来重塑其品牌。除了在中档卖场以传统的 27～35 美元售价销售李维斯小红布(Levi's Red Tab)系列外,还在高端和低端渠道增加了品牌。李维斯签名(Levi Strauss Signature)系列通过沃尔玛这类大卖场进行销售,售价 23 美元,而李维斯复古(Levi's Vintage)系列则在高档商店以 85～220 美元不等的高价出售。[7] 不同品牌系列和价位正用来减少不同渠道之间的冲突。

思考要点

什么样的混合渠道最适合我们确定的目标市场?
- ▶ 我是否有一套公平的程序来处理本地客户?
- ▶ 我是否认识到新的渠道会影响到我与现有渠道之间的关系?
- ▶ 我是否能够用不同的品牌、价格和产品战略来减少渠道之间的冲突?

建立混合渠道

有时候,满足最终用户需求的最好方法是建立自己的混合渠道。举例来说,一些传统上销售给住宅承包商或通过它们进行销售的企业,现在发现消费者与像家得宝（Home Depot）之类的零售商之间有着紧密的联系，于是它们着手重新评估自己的渠道设计。Trane（供暖与空调设备制造商）与家得宝正在进行一项合作试验，将家得宝定位成 Trane 渠道的领先启动伙伴。家得宝已经同意作为参与 Trane 经销商/承包商中的领先启动者，在一些选出的地区展示 Trane 的住宅设备。[8] 这一类型的混合渠道试图发挥不同渠道的优势，而又不会引发无谓的冲突。

建立混合渠道实际上就是对表 6-2 中介绍的功能检查的具体化，然而整个过程可以不只是包括传统的渠道合作伙伴，还可以包括其他为渠道成员提供服务的中间商。举个例子，银行是订单处理过程中管理信用和收账的重要角色，不论是针对销售者、购买者，还是这些贸易伙伴用以为客户和最终用户创造价值的外包服务。其他的例子，如促销和广告代理商，它们有助于创造需求，而物流服务提供者有助于订单履行和货物交付，报关经纪人帮助买卖双方实现跨境需求，而经销商则可协助创造需求、提供技术服务、满足需求、处理信用和收账结算。

下面讨论把功能外包给非传统伙伴的一些例子。

1. **银行**是负责在生产商涉及供应商管理的委托存货时，处理各方之间的资金结算问题。在交易的不同阶段，银行扮演着不同的角色。交易开始，银行先充当一段时间的代理人，随后依据卖方、买方和银行之间的三方合约，在指定时间内代表买方完成付款。银行在涉及外方和现金交易的国际分销中，扮演着十分关键的角色。
2. **物流服务提供商**是在订单履行和交货过程中，负责按照双方约定的使用或者销售地点，将产品从卖方交付给买方，并满足工作条款所规定的或期望的其他履约要求。
3. **杂货零售连锁**通常利用供应商提供的超级市场批发商服务，多重供应商可能会利用外包服务将一种产品线类别中的多种产品陈列出来。举个例子，总部位于密歇根州西兰的 TLC 公司就是通过乳类产品，实现了 Meijer 零售卖场的最大化盈利能力。TLC 与商场其他乳制品供应商一起跟类别管理商，例如 Dean Foods，进行合作。随同管理的外包服务一起，TLC还能提供软件。有许多物流服务提供商，如UPS，还为渠道伙伴提供金融服务。

4. **信息技术提供商**现在是为买卖双方提供界面服务，改善买方、卖方以及物流服务提供商之间的信息交换。当今环境下，信息技术提供商提供咨询、软件产品和外包服务（包括维护和升级），实际上管理着贸易伙伴之间的IT部门和运营功能。

请注意，经销商、银行及金融机构、物流服务提供商和信息技术提供商在产品的制造者与使用者之间提供服务的界限越来越模糊了。现在这些部门都从事按需运营服务、软件销售、基于网络的服务和流程改进咨询，加上其他功能和技术方面的外包服务。

信息技术提供商已经发现，它们提供的服务必须伴以咨询服务和外包操作服务，而不能只是软件销售和维护协议。买方想要的是落实好了的、成功的解决方案。

这就产生一个疑问，为什么一个厂家要将各种功能和技术能力外包给外面的组织呢？让我们利用表6-3，察看一下外包各种功能和技术能力的正面和负面。正的一面，企业可以把非核心功能外包出去，而只专注于核心竞争力；负的一面，外包可能导致企业丧失控制权，并减少与最终消费者之间的直接接触。

外购时需要考虑的一个关键事项是，买方或卖方仍要对产品的性能负责，同时承受着外购带来的风险，这取决于与外包组织之间的代理关系。整合技能和最终性能责任，仍然是不能够外购时的重要考虑事项。

当厂商趋向改善渠道绩效时，那些充当厂商代理人的第三方中间商通常被用来落实这些渠道追求。在食品行业，零售商层面的类别管理的一个基本理念是，指定一家企业作为零售商店某一部门的类别管理者。类别管理者要和零售商在管理盈利能力方面负有同样的责任。拿一个超市的乳品部门来举例，当一个企业被选作类别管理者或领导者后就必须与其他供应商一起为追求乳品部门的盈利改善而努力。当厂商对乳品部门满足消费者需求的任务和功能进行检查的时候，被选厂家和首要贸易伙伴可能还没有保持货架充盈的最为经济的流程。

一个可替代的选择是，谋求第三方物流服务提供商的协助，与渠道管理者和联合供应商合作，共同组织对销售前线和货架的产品供应。同样的方法也可用在工业品、医疗保健和其他行业。

表6-3 战略性外购与联盟：为什么要外购，为什么要结成联盟

正面	负面
• 有助于战略规划、有策略的服务部署和运营执行	• 丧失控制权
• 专注于核心竞争力	• 安全事项
• 扩大行业知识	• 增加可变成本
• 传递最好的、最流行的技术	• 指挥人力资源的能力不足
• 敏捷获取立即、追加的资源和帮助	• 损失设计专业
• 减少劳动力和管理成本	• 缺少与客户的直接接触
• 较低的资本需求	• 客户服务中存在更多变数
• 分摊奖励和风险	

对这些外包关系的最后一个考虑点是有关契约的。这些关系是如何合法地建立起来并商业化的？在考虑有两方以上介入时，这些法律关系就会变得非常复杂。需要法律顾问的介入，来确保契约中已经反映了业绩预期，并且没有出现违反反托拉斯或歧视的行为。带有应负责任和风险的详细期望条款（SOEs）或者工作条款（SOWs）都必须在渠道伙伴之间清楚地建立起来。

> **思考要点**
>
> 我是否把自己的渠道分解成组成功能、服务和活动，以求改善？
> ▶ 我能够在销售过程的不同部分采用不同的渠道，从而减少冲突吗？
> ▶ 我能够通过外包一些功能给非传统渠道伙伴，从而建立通向终端客户的最佳渠道吗？
> ▶ 这一分解能否给终端客户和渠道伙伴带来最大的利益？

本章重点

▶ 在你决定开始做一些改变的时候，先确定你希望获得什么样的渠

道设计成果。

▶ 决定你是否能够在现有的渠道结构中达到你的目标。如是，就充分发挥你的渠道结构的最大优势。

▶ 如果需要增加新的渠道，必须在进行改变之前先建立信任，然后再制订战略使渠道冲突最小化。

▶ 坚持不懈地寻求新的途径，在贯穿渠道全过程中共享资源和能力，这样你才能够满足最终客户的非常需求。

注释

1. Donald V. Fites, "Making Your Dealers Your Partners," *Harvard Business Review,* March-April 1996, pp. 84-95.
2. Steven Burke, "Clear Policies Help Ease Channel Conflict," *CRN,* 8 April 2002, p. 20.
3. James A. Narus and James C. Anderson, "Rethinking Distribution," *Harvard Business Review*, July-August 1996, pp. 112-120.
4. Pat Curry, "Channel Changes," *Industry Week,* 2 April 2001, pp. 45-48.
5. "Forces of Change in the Distribution Channel," Lehman Health Care Distribution and Technology Hot Topics Conference Call, December 12, 2002, www.lehman.com.
6. Dale Buss, "Crossing the Channel," *Sales & Marketing Management*, October 2002, pp. 42-48.
7. Sally Beatty, "Mass Levi's, Class Levi's," *The Wall Street Journal*, 31 October 2002, pp. B1-B3.
8. Hall, John R., "Selling through the 'Big Box'," *Air Conditioning, Heating & Refrigeration News,* 28 October 2002, pp. 1, 26.

第 7 章
The Manager's Guide to Distribution Channels

国际渠道设计

在第 6 章中,我们讨论了国内渠道设计的一些议题,其中有一些相同的规则也适用于国际渠道设计。不过两者之间还是有一些差异,本章主要讨论这些差异方面。

瞄准世界市场

就像国内渠道设计要从检查公司的目标着手一样,国际渠道设计也应该在先于国际分销之前,从一个目标市场(也就是一个国家)和目标评估开始。有几个问题是一个厂家在决定参与国际竞争时必须要处理的。全球化战略有一部分涉及决定价值链(如资源、生产和分销)中,有哪些活动应该在本国开展,哪些活动在其他国家进行。之后,你还必须决定这些活动能否依靠企业自有设备或者通过与其他组织结成联盟来处理。

市场评估要确定,哪一个国家或者地区能为你的产品和服务提供最大的潜力。产品战略应该指明产品是否要按照全球标准化产品来销售;或是带有地区选项、特征和变化的标准化的核心产品;抑或者是针对不同地区进行特别配置的产品。[1]

很少有真正的全球化产品。其结果是,因为要进行某种程度的改变,制造商必须决定这些改变是否能够在国内进行,或者借助于国际渠道伙伴进行。

国际战略需要产品市场数据,但是这些数据要比国内信息更难以获取。表 7-1

列出了一些公共的信息来源及其网址。一个很好的起始点是www.export.gov，这是美国政府的出口和贸易服务门户网站。它提供了一些其他在职能上是伙伴关系的政府机构的链接。

表7-1　国际信息来源

- 世界银行集团

    www.worldbank.org/

- 美国商务部、国际贸易管理局

    www.ita.doc.gov/td/tic/

- 美国全国制造商协会

    www.nam.org/

- 国际发展及援助组织

    www.usaid.gov/about_usaid/

- 美国海关服务（现属于美国国土安全部）

    www.CBP.gov/

- 出口管理条例

    W3.access.gpo.gov/bis/index.html

- 多项来自美国政府的可用国际贸易统计数据

    www.stat-usa.gov/miscfiles.nsf/TO?OpenView

- 世界贸易中心协会

    Iserve.wtca.org/

- 经济学人国家简报

    www.ecomomist.com/countries/

- 美国农业部

    www.usda.gov/

- 美国国务院

    www.state.gov/

（续）

- 美国政府出口门户网

    www.export.gov/

- 美国进出口商协会

    www.aaei.org/events/event.asp?event_id=183

- 在国外运营的美国企业名录

    www.uniworldbp.com/af_main.shtml

- 美国国际贸易统计年鉴

    由联合国出版，可以从一些主要大学的图书馆获取

- 美国国家贸易数据库（美国商务部）

    Govpubs.lib.umn.edu/stat/tool_ntdb.phtml

- 联合国

    www.un.org/

- 国际货币基金组织

    www.imf.org

思考要点

我是否有一套作为渠道战略基础的全球商业战略？

▶ 我是否准备好处理和其他国家做生意时的一些辅助事务，比如渠道事务、政府关系、文化方面以及商业机会等？

▶ 我的组织了解国际化的主要风险和责任吗？

▶ 我是否已经检查过进行国际业务时所要增加的额外成本？

▶ 在进行国际化的时候，我能否在增加了额外成本和责任的情况下，让事业继续获利？

评估不同的国际渠道结构

一旦把国家优先顺序确定为企业整体战略的一部分，制造商就需要做出渠道

设计方面的决策，像我们在前两章中讨论的那样。然而，对于国际分销而言，有几种差别比较细微的中间商需要加以定义。大多数厂商一开始都是通过间接或者直接出口的方式进入其他国家的。

间接出口是指通过国内中间商（如代理或经销商）进行销售。这种方式的优点是易于管理。就算企业在出口方面毫无经验，也能够依赖渠道合作伙伴的专业知识开展生意，而不需要亲自发展大量多国文化技能。

就直接出口而言，制造商直接与国外中间商打交道分销其产品。一方面，这种方法需要很高程度的文化知识，另一方面它也给企业带来更多的市场知识和潜在的更大控制权。表 7-2 显示了不同类型的直接和间接中间商。

表 7-2　国际渠道中间商

国外（直接）	国内（间接）
代理商	
经纪商	经纪商
制造商代表	制造商出口代理商
管理代理商	出口管理公司
分销商	
经销商	国内批发商
交易商	出口商
进口批发商	辅助性市场商
批发商和零售商	出口批发商
其他合作者	
授权商	
总经销商	
合同制造商	

除了要确定中间商的最佳位置是在国内还是国外，比较一下代理商、经销商和其他中间商的一些差别也是非常有益的。代理商、经纪商、制造商业务代表和出口管理公司（EMCs），通常对自己所代表的产品并不拥有所有权。分销商、自营商、批发商和零售商通常拥有自己所代理的产品的所有权。这里所列出的其他合作伙伴与制造商有着不同的合同关系，或者提供一些不同的功能。[2]

授权被作为一种进入战略而运用，是指制造商授予外国公司以专利或者商标权利。这一方法的优点是一些国家的政府可能会比较满意，缺点是制造商会过于依赖授权商。

特许是授权的一种形式，即制造商通过授权协议允许外国企业按照规定的方式从事业务。特许与授权有着类似的优缺点，但是因为特许协议要比授权协议更全面，制造商具有更多的控制权。

在按合约生产的情况下，企业以合约为根据，安排将自己的产品由国外厂商来制造。制造过程可能是组装或者完全集成生产，这主要取决于厂商的需要。

思考要点

无论直接的还是间接的，我评估可选国际渠道伙伴的角色了吗？

▶ 我评估不同类型国际渠道的优缺点了吗？

▶ 我是否确定了实现自己在其他国家的分销战略时所必须的控制水平？

选择正确的渠道伙伴

不管是与间接还是直接的渠道伙伴进行贸易，最重要的是找到顶级的代表。管理国际渠道运营的游戏规则和策略都必须建立在企业组织和产品对外国文化和政治的适应上。在研发、财务、营销、定价、法律、制造、采购、运输和物流等功能领域的员工，必须进行国际贸易方面的培训；必须建立跨部门的团队来实施国际业务发展战略和执行的流程。

有一些可以找到国际贸易伙伴的信息源。各国都有一些全球性的协会，再加上有互联网，通过私人的或政府的数据库寻找贸易伙伴就是一件比较容易的事了。除了私人数据库和服务外，其中有一些与行业贸易协会有关联，业务经理还可以利用地方和全国性的政府数据库。数据库加之政府国家和商品专家以及美国参议院办公室，就可以帮助国际销售者开展国际贸易。

美国商务部的一些服务特别有帮助。代理经销商服务能找到那些有意向并且有资质代表特定制造商的外国公司。由联邦和州政府商务部领导的美国企业家参访团的商业使命就是去拜访有潜力的国外渠道伙伴。

最后，互联网也是寻找潜在的国外贸易伙伴的好工具。利用私人的或者公开的广告服务，厂商就能够发布广告，寻找可能的国际贸易伙伴。你发布广告，随后你就可以寻找、鉴别并选择出那些最能满足你的需求，同时也符合对方需求的合作伙伴。

我们在第8章中会讨论关于如何选择国内的商业伙伴，有一些共同的标准可以用于国内和国际伙伴的选择上。戴维·阿诺德（David Arnold）在其发表于《哈佛商业评论》（Harvard Business Review）的一篇文章中宣称，由于买方距离和文化方面的原因，使得选择国际商业伙伴特别关键。[3] 他详细阐述了在选择商业伙伴与国际经销商以及贸易伙伴工作时的7个关键点。

1. "你来选经销商，而不是让他们来选你。"有关这一点的关键信息是市场领导，选择那些支持卖方市场驱动战略的经销商和代理商。要利用表7-3所列出的客观选择标准，对有潜力的伙伴进行系统而全面的评估。这些选择标准会帮助制造商开发和运用正规的程序，来选择贸易伙伴、评估绩效并认定绝对的和改善的绩效。像老话说的那样，度量和认定的方式、方法驱动着我们的表现。

2. "寻找有能力开发市场的经销商，而不是那些显而易见地只跟少数几个顾客接触的经销商。"有效的做法是，选择愿意投资开发客户关系的伙伴，而这种客户关系应该是最适于制造商本身产品的市场营销和市场增长。

3. "把当地的分销商当作长期合作伙伴来对待，而不是暂时的市场进入工具。"创造一种氛围以激励对适当目标的认同，比如客户获取和保持、新产品销售、协同库存管理和补给。

4. "通过提供资金、管理人员和被实践证明了的营销观念支持市场进入。"对产品调整进行投资，来满足当地市场的需求，并让市场和产品经理与经销商会面，分享新的点子和传递成功的战略。

5. **"从一开始，就保持对营销战略的控制。"** 厂商应该召集并领导计划和预算会议，甚至派员工到当地经销商办公场所全职工作，以监督经销商在满足客户需求方面的绩效表现。

6. **"确保经销商为你提供详尽的市场和财务绩效数据。"** 通过发展关系和签订合约，来分享详尽的市场数据和财务绩效。如果没有这些信息，在按照商业和地理区域或者客户类别来提供产品及服务满足客户需求的时候，就会出现严重的问题。

7. **"尽早抓住机会，建立全国经销商之间的联系。"** 就像在美国，要给经销商开会并建立关系分享经验，而不是让分销商建立他们自己的关系、互相勾结。要采取公然的行动促成他们之间的互动，吸取所有经销商的经验，最大化各方的收益。

一旦公司明白他们可以通过更好的关系结构来掌控自己的国际运营，而不是仅仅凭借所有权实现时，他们或许也会发现凭借地方性方法执行全球战略的当地经销商同样扮演着长久的角色。

选择国际贸易伙伴包括任何经销商或贸易伙伴时的一个关键点，是开发出完善的、客观的选择标准，如表 7-3 所示。表中第一列列出了一些选择的标准，第二列举例说明如何确定每一条标准的度量值和权重因子。

应该开发一本与这些标准和度量值同步的手册，来定义在选择国外伙伴时，你所指定的这些标准和因子权重的含义。

举例来说，如果一家美国厂商正在选择服务于欧盟（EU）的一家或者多家经销商或其他中间商，它就必须评估这一可能的经销商是否能够服务于目标国家，比如说是德国以及其他相邻的国家。如是，这家厂商就应该因其扩展的国家覆盖而在度量时候得到 5 分。

如果这家公司的商业覆盖与制造商预期的市场覆盖不完全一致，得分就会低一些。如果候选经销商服务于整个欧盟，并且对其而言有着最高的优先级，那么就会得 5 分。

表 7-3　选择国际渠道伙伴的标准样例

关键评估域	标准和权重		
√ 国际覆盖，如国家、种族、文化	● 市场覆盖率	_____%	0 1 2 3 4 5
√ 目标市场的全国性覆盖	● 知识	_____%	0 1 2 3 4 5
√ 市场知识	● 投资	_____%	0 1 2 3 4 5
√ 不要惧怕对客户投资	● 产品线	_____%	0 1 2 3 4 5
√ 互补的产品线	● 政治环境	_____%	0 1 2 3 4 5
√ 稳定的政治环境	● 改变潜力	_____%	0 1 2 3 4 5
√ 不要惧怕对运营进行改变	● 信息运用	_____%	0 1 2 3 4 5
√ 应用信息和通信技术	● 财务健全	_____%	0 1 2 3 4 5
√ 健全的财务	● 管理团队	_____%	0 1 2 3 4 5
√ 专业稳定的管理	● 人员流动	_____%	0 1 2 3 4 5
√ 低雇员流动率	● 质量	_____%	0 1 2 3 4 5
√ 质量是企业哲学和文化的一部分			
	总加权分数（总和）_____		

对于第一列中每一项可能的选择标准，公司应该指定相对权重，对公司最重要的标准项就给更大的权重。权重的总和应该是100%。单个因子分数要乘以各自的权重，然后加总得到加权分数。

运用这些客观选择标准的重要性在于：

- 建立起公司业务开发团队成员的共识。
- 为候选合作伙伴提供反馈，如为什么他们被选中或没有被选中。
- 为制造商、经销商以及其他贸易伙伴开发和提高渠道伙伴的绩效。
- 通过客观的度量来认定绩效，这也可能体现在工作条款或预期之中。

在与潜在的渠道伙伴谈判时，牢记两条国际贸易的"铁律"是重要的。首先，卖方要适应买方（因为你是卖东西给经销商，你就需要适应对方）。

其次，客人要入乡随俗。这些规则使你必须了解，世界上不同的地方有不同的文化。理查德·盖斯特兰（Richard Gesteland）在其所著的《跨文化商业行为》（*Cross-Cultural Business Behavior*）一书中，对四种类型的文化群进行了全面的讨论,如图 7-1 所示。[4]第一种讨论了从"交易聚焦"到"关系聚焦"的商业观点。来自关系聚焦文化的经销商希望,在着手做生意之前要优先建立与制造商的信任关系。

图 7-1　国际谈判中的文化划分范例

注:根据理查德·盖斯特兰(Richard Gasteland),《跨文化商业行为》,第 3 版,哥本哈根商学院出版社,2002。

第二种类型是从"正式"到"非正式"。非正式型的商业经理人典型地来自相对平等主义的文化(如美国),并且有时候就犯一些不尊重其他文化的正式表现的错误。

第三种类型是从"严格时间"到"散漫时间"。受"时钟"驱动的文化可能不是很恰当的视其他文化为懒惰,结果导致会面时的紧张和不愉快。最后一种类型是从"表现"到"保守"。保守型文化无论是在言语上还是非言语上,都表现出保守的交流,因此会与来自表现型文化的人发生"冲突"。

对于正与国际渠道伙伴建立关系的制造商来说,了解并重视文化差异是非常重要的，只有如此才可以建立信任，谈判也才可以顺利进行。

> **思考要点**
>
> 我是否投入充分的时间和精力，为我的全球渠道战略选择了正确的代表？
> - 我是否运用所有可用的政府和私人资源，来改进选择的过程？
> - 我的员工是否受到合适的培训，以处理国际贸易？
> - 我是如何识别出那些有能力为我的产品开发市场、实现我的目标的伙伴的？
> - 我在特定的世界地区进行合同谈判之前，是否了解了有关的商业习惯和伦理知识？

管理渠道

国际渠道管理至少有三个主要方面与国内渠道管理不同。首先是在企业之间存在着跨文化的差异，如前面一节所提到的。其次是因为不同的法律和规范以及较大的地理距离所带来的复杂性的增加。最后是越来越受到关注的灰色市场或者平行进口问题。其中的每一项都必须在进行管理渠道时予以关注。

跨文化差异不仅在开始的"蜜月"期有重要影响，还会贯穿整个管理过程。美国的经理人不仅应该学习了解他们所分销区域内的风俗习惯，如果可能，还应该把选中的渠道伙伴邀请到美国来看看他们在国内的运营。恰当地规划每一季度会议。如果不能见面，通过视频或电话会议也能够提供绩效评估的基础和改进的机会。

距离是许多国际运营管理的难点。从一开始，就要建立绩效的关键结果区域。商业情报的根本是及时整合的数据。要注意在获取数据时会有延迟。决定度量交易层面、战略层面产出和绩效时必需的数据需求。及时获取的优质交易数据能为理想的运营控制提供基础。而这个数据库随之可以提供策略性的计划和战略计划，以度量国际贸易伙伴的绩效。通过改进机会的优先区域导出行动计划，这些行动计划要处理关键事项，随后的行动要处理优先级是"B"和"C"的事项。

最后，应该监控灰色市场的特殊问题。灰色市场或称平行进口，是指原本应在海外分销的产品，越过设计好的渠道从国外回流到美国。这些产品并不是假货或仿冒品，但仍然抢走了通过国内渠道销售的产品的生意。《国际营销评论》（International Marketing Review）发表的一篇研究就强调了对这个问题的关注。

> 市场商人意识到平行进口对跨国企业的绩效会产生严重冲击。灰色市场会侵蚀商标形象，破坏顾客的善意，损害渠道成员之间的关系，并且干扰全球计划的努力……当企业被迫与贴有自己商标的产品竞争的时候，会使利润下降，也会阻碍国内经销商对产品的继续促销。商标所有人所建立起来的商誉会因为客户购买并行进口产品时没有得到同样的"附加产品"而受损（即产品使用知识、服务、保证和安全保障）……灰色市场的规模是惊人的，在北美一年就可超过100亿美元，几乎影响到每一个主要商标品牌的产品。（专家）建议，因为灰色市场而损失的控制权只能通过强有力的威慑战略夺回。[5]

尽管不是每一个人都认同灰色市场是个问题，但灰色市场确实会影响一家企业的战略，在管理全球运营时应该被认真对待。

思考要点

我是否充分意识到管理全球分销渠道的独特挑战？
- ▶ 我对渠道伙伴的商业行为文化了解多少？我适应的情况如何？
- ▶ 我是否通过电话、电子邮件或亲自拜访的方式，与渠道保持有规律的联系？
- ▶ 我是否评估过我的产品存在灰色市场的可能性？

本章重点

- ▶ 优先于开发国际渠道，制定你的全球增长战略。
- ▶ 开发期望的分销商描述，并用以识别出锁定的世界地区的合适经销商。
- ▶ 像对待渠道伙伴一样对待当地的经销商，并向其提供支持。
- ▶ 通过与你的渠道进行双向对话，监控绩效。

- ▶ 在进入国际市场时，关注所有的渠道和可用的组织。
- ▶ 利用多种联邦和地方上的政府辅助项目。
- ▶ 要十分谨慎和客观地选择与你合作的贸易伙伴。
- ▶ 运用多种可用的工具监控你的国际战略和需求管理运营的执行情况。

注释

1. See Linda Gorchels, *The Product Manager's Field Guide* (McGraw-Hill, 2003, pp. 101-104) for a brief discussion of global product management issues.
2. Several sources provide more detailed information on international intermediaries. Chapter 11 of Louis W. Stern, Adel I. El-Ansary, and Anne T. Coughlan, *Marketing Channels, 5th ed.* (Prentice Hall, 1996) provides several tables comparing the different duties of the intermediaries. Chapter 12 of Michael R. Czinkota and Ilkka A. Ronkainen, *International Marketing, 4th ed.* (Dryden, 1995) provides some tips on screening intermediaries.
3. David Arnold, "Seven Rules of International Business, *Harvard Business Review,* November–December 2000, pp. 131-137.
4. Richard R. Gesteland, *Cross-Cultural Business Behavior, 3rd ed.* (Copenhagen Business School Press, 2002). The book provides a clear explanations and case examples of working with business people throughout the world.
5. Irvine Clarke III and Margaret Owens, "Trademark Rights in Gray Markets," *International Marketing Review*, Vol. 17, No. 3, 2000, p. 272.

第 8 章

The Manager's Guide to Distribution Channels

选择合适的渠道伙伴

正确的渠道伙伴对你有多大价值呢？经理人可能觉得渠道伙伴需要仓促填补空缺，因此跳过了选择的标准。这可能导致经销商、交易商或业务代表的不匹配，从而产生较差的结果。

在你可以选择正确的渠道伙伴之前，你需要开发出一套体系，来描述就你自己的特殊境况而言，什么样的经销商才是最理想的。在第 5 章中，你评估过目标客户希望从渠道中获得什么——那些定义理想经销商的特别服务和支持。现在思考的是，要从转售商那里去"买"这些分销服务（而非仅仅通过他们"卖"出产品）。你想"买"到什么服务呢？然后寻找适合的渠道类型。很可能是你会需要组合不同类型的渠道，来提供必要的服务。

设计完渠道组合，并决定了正确类型的分销商或业务代表之后，下一步就是搜索、评估、招募并签约最好的渠道伙伴。注意，在本章中，经销商、交易商、业务代表等名词会在某种程度上交替使用，因为这些概念都是通用的。（换句话说，经销商可以用来指代任何类型的渠道成员。）如果渠道中间商类型间确实存在特殊的差异，我们就会着重指出。本章聚焦于渠道重构流程的第四个阶段，如图 8-1 所示。

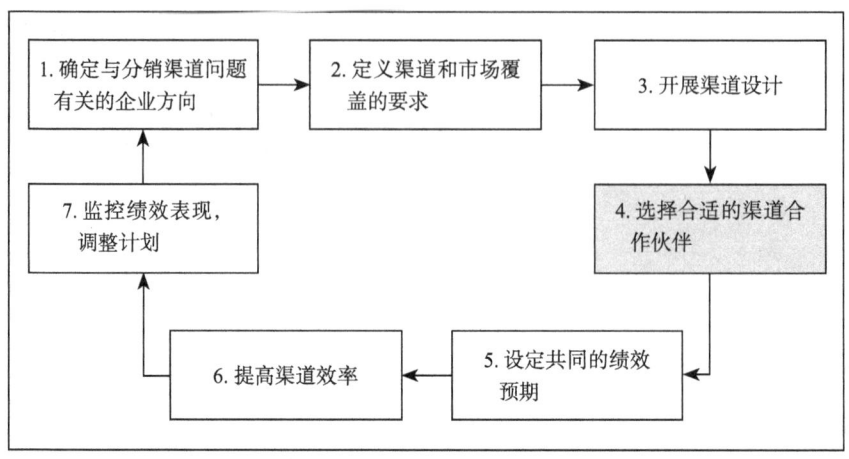

图 8-1 渠道重构流程的第四阶段

搜索方法

寻找渠道伙伴时，你应该关注一些信息源。就大部分商业产品而言，一个重要的信息源是来自关键客户和主管部门的推荐，找出他们现在正与之合作的以及将来会愿意合作的经销商和业务代表。

通过查询经销商和交易商名录，在感兴趣的地理区域内寻找候选者。许多通讯名录都是通过经销商作为会员的协会提供的。例如，全国批发商协会（www.naw.org）就是一个拥有100家以上全国性行业的协会。这些会员协会实际上代表了他们通过批发商—分销商投入市场的所有产品。这份列表也包括了50多家地区级、州一级和地方的批发分销协会。许多企业会加入最适合的协会，作为其成员或协会会员来获取有关渠道信息和成员名单列表（也就是潜在的候选者）。

如果你正在寻找独立的业务代表或制造商代理，美国全国制造商代理协会（www.manaonline.org）可能是一个有用的信息源。该协会提供美国国内以及欧洲一些代表的在线通讯录。另外一个提供通讯录的协会是制造商代表教育研究基金会（www.mrerf.org）。这一团体提供对业务代表的培训和认证服务。许多行业也拥有各自的代表成员协会，如独立制造商/代表协会国际有限公司（www.aimr.net）。该团体是管道、供暖、制冷、管线行业独立销售代表组成的贸易协会。和一些业务代表聊聊，找到最好的协会，随后与协会联系，可以得到业务代表名录。

兼容产品的制造商也可能是渠道信息的一个来源。通过与有着类似目标客户但又没有竞争关系的企业交流，你能获得经销商或业务代表的名单，他们也可能很适合你的特殊产品和服务。这些渠道成员可能会有兴趣销售你的产品，或者他们也可能把你引荐给其他合适的公司。

搜寻的内容

在你收集到可能的渠道伙伴名单后，必须开始评估他们是否符合你的需求。必须牢记的是，渠道伙伴的业务都是独立的，有自己的目标、计划和关键客户，有生产线和能力。尽管有一些也可能愿意为某个重要的供货商（首要的）而做些改变，但通常最好还是尽可能寻找那些现有业务描述和你理想伙伴的描述相容的公司。换句话说，除非对渠道成员而言你是其高级战略供应商，否则他们不太可能愿意改变自己的业务流程，提供你想要的东西。

你可以通过开发一个理想的候选者模板开始，如表8-1所示。表中第二列应该针对所列的每一项因素，都包含对理想经销商的描述。接下来是对一些关注点的讨论。

表 8-1　理想的候选者模板

	理想情况描述	候选者评估
服务的市场		
产品线匹配度		
地区覆盖		
销售能力	在此描述你"理想的"经销商	在此比较你的候选者与"理想的"经销商
业务和管理的稳定性		
营销能力		
运营能力		
本地服务		
交易顺畅		
声誉		
其他		

服务的市场 当前服务的客户或客户类型应该与你期望的最终用户匹配。这对于那些独立的业务代表是非常重要的，因为你所"买"的一部分是市场接触。要区分普通客户和活跃客户。

还要确定候选者所拥有的市场知识的深度，包括当前客户和未决客户的改变。候选者专于垂直还是水平市场，还是向整个地理区域内的所有客户销售。这种类型的覆盖符合你的战略规划吗？

产品线匹配度 销售的产品类型应该加强你提供给最终用户的商品。寻找互补性的产品（特别是对业务代表而言）。谁是他们现在的供应商？那些生产互补性产品的渠道成员更有可能接触到你想要触及的顾客。

另一方面，许多经销商会销售竞争产品。确定这些产品是否来自主要竞争对手，如果是这样，就要考虑是否还有必要继续选择这家候选经销商。

地区覆盖 比较经销商的贸易区域与你的渠道设计中的覆盖之间的差距。是不是在消除差距？与其他的领地是否有重叠？这一评估项也应该考虑现有的或潜在的分支地点，以及是否对领地覆盖产生冲击。库存于分支场所能增加领地的有效规模，但这一过程或许会导致与其他经销商之间的冲突。

销售能力 确定你希望渠道成员是着重于业务发展还是客户保持。在考虑经销商时，你可能会检查销售人员的结构，确定他们是否拥有销售你的产品的技术能力。内外部销售代表的人数是多少？这个数据会对被动接单与主动销售的侧重上给你一些指示。销售代表都有些什么类型的培训和激励？这些知识是否与行业期望一致？

在检查销售代表时，要看代理机构的销售人员的技术能力和知识。是不是需要有工程背景？什么样的优先销售技能是必需的？如果需要开发挖掘，销售人员展现出这些技能了吗？技术认证对于销售成功重要吗？销售人员是如何应对竞争的？通过陪同进行几次客户拜访，评价其销售绩效。

业务和管理的稳定性 看一下企业的历史业绩。特别要考察其财务绩效，包括账单准时支付和对于互补性产品的销售情况。在销售和盈利方面是否曾经有一些显著的波动？如果是私有企业，是否已经有接班计划？候选者的增长预期是否与你的战略计划匹配？雇员的流动率有多高，原因是什么？有员工培训项目吗？

营销能力　对你的产品而言，渠道促销和需求创造有多重要？候选者拥有这些技能吗？这些企业愿意推进新的产品吗？

运营能力　视你的产品需求而定，你或许需要有专门的仓储能力、物流设施、维修和服务能力、电子商务经验、客户培训项目或其他服务。评估候选者的运营能力是否满足你在这一领域的产品目标。参观一下这些设施，对候选者运营的优缺点有一个感觉。

当地服务　你的产品是否需要（或你的最终用户要求）一些诸如安装、技术支持、信用、零部件供应、保修、替代产品、立即启用、产品组装或其他的当地服务？候选者在这些服务方面有多强？订单的成交率是多少？

交易顺畅　尽管"化学作用"通常不是选择过程中最为重要的因素，但它可能影响到与候选者业务往来的难易程度。你与这些候选企业的所有者、管理团队还有员工相处得如何？这家企业愿意与你签订业绩合同吗？候选者是否真的想承接你的产品？你们之间互相信任吗？

声誉　确定候选者在顾客、其他制造商和同行中的名声。

思考要点

我是如何准备搜索新的分销商？
- 我是否运用了多种信息源找到新的线索，还是又回到我经常的途径？
- 我在搜索经销商时是否开发出一套模板？
- 这套模板是否包含了我喜欢购买的更好满足客户需求的服务类型？

评估你的候选渠道

很少有一家经销商（或业务代表）能够满足先前列出的所有要求。必须设定优先级。因此，预先计划会很有帮助。如刚刚描述的那样，创建一份关于理想候选者细节的模板，用来评估每一个候选者将是有帮助的。表 8-1 中的最后一列提供了对每一候选者的评估。

这一模板和你对分销商的匹配度的决定都是定性的或主观的评价。然而，这并不意味着就是非结构化的。开发评估描述的每一个步骤，都可能有助于为你提供一个和候选人进一步商谈的焦点，并且这个模板也可能帮你决定，是需要一个综合的还是专门的经销商、传统的还是混合的渠道。

从综合到专业两个极端之间的连续状态上都可以对应着不同的经销商（见图8-2）。综合的（或广泛的）经销商经营来自多个供应商的各种产品分类。类似在零售市场上的沃尔玛，综合型的经销商着眼于快销产品的迅速更替。比较典型的是，他们提供一系列商品，但销售支持有限。

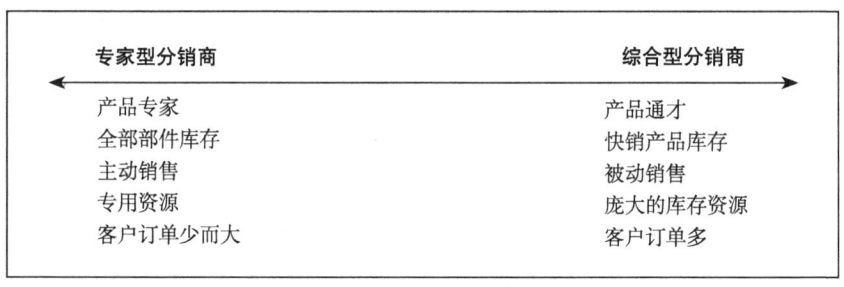

图 8-2　经销商连续集

另一方面，专家型经销商侧重于较明确的市场供应，通常需要更大的销售努力和技术知识。属于市场生命周期早期阶段的产品能从专业渠道分配的附加支持中获益，而生命周期后期阶段的产品则可受惠于综合经销商提供的大量的客户接触与商品展示。

有时候，产品和市场需求并不能完美匹配任何单一渠道类型。遇到这种情形时，可能就有必要创建一个混合渠道，并评估候选渠道是否有能力承担混合渠道的某些特殊活动。一开始就要先把渠道的活动分为售前、交易和售后工作。

参与售前工作的候选者主要是产生引领作用的伙伴。像在第5章中提到的，家得宝就能够作为产生引领作用的伙伴，为多个合约商提供服务。销售交易可能由独立业务代表、企业的直销人员、经销商销售人员来处理。售后工作包括送货、安装、维修、保证等工作。有时候，服务伙伴也被加入渠道中，专注于这些售后工作。

招募并签约最好的候选者

把经销商名单缩减到只有那些你认为最有可能与之合作的（也就是那些在你的模板上最接近理想的经销商）之后，你需要与那些候选者进行良好的对话。在这一点上，从一个经销商的角度来思考会是有益的（见第9章）。在你看来一件价值2 000美元的产品，对于经销商而言只不过是能获利60美元的盒子而已。你不是卖给他们产品本身，而是卖给他们一个赚取利润的机会，以及你们公司会为他们提供去赚取这些利润所必须的产品和支持的信念。

识别分销关系中的关键人物，思考你想和他们分享的信息，以及你认为他们会询问你一些什么的问题。通常，你会讨论你当前的市场进入战略，以及你的与渠道有关的商业目标。谁是你的最终用户？你对他们的竞争优势是什么？关于新产品推出和促销交流都有些什么样的营销计划？你对渠道配额有什么期望？你会提供什么样的回报和支持服务。

经销商也会向你提一些问题。典型的问题包括以下内容：

- 在库存、安装、维修、保修、促销等方面可以预期获得什么样的服务？
- 我是不是可以不受限制地获得新产品的供应？
- 是如何对待全国客户的，这会对我的回报有什么影响？
- 有多少经销商在为我的客户服务，是否有计划增加新的经销商？
- 我能获得什么样的培训？
- 遇到问题时，我会向谁寻求帮助？
- 在使用供应商的品牌标识方面，我有什么样的权利？

关于你的产品对渠道的重要性，有一个清晰、客观的预期是很重要的（见表8-2）。如果你的产品对分销商具有战略上的意义，你的力量和影响会更大。主要产品对经销商有着更高的重要性，他们的业务是围绕着这些产品建立的。弗兰克•林恩（Frank Lynn）称这些为主要产品，通常占整个销售的10%或更多。[1]

表 8-2　产品重要性分类

	主要产品	次要产品	不重要产品
对经销商业务的重要性	高	中	低
经销商配合的意愿	高	中	低
制造商的营销方法	推	推/拉	拉

肯·罗尼基（Ken Rolnicki）将主要产品再区分成高重要性（占销售额的10%）和高战略重要性（占销售额的40%）。[2]不管确切的百分比是多少，如果经销商愿意主动销售，甚至为你而调整自己的业务构成，你的产品就是主要的。

次要产品大约占销售的5%，如果你的服务支持能够被轻易地整合到他们的业务中，经销商就会销售这些产品。然而，他们不可能为制造商做出显著的改变。不重要产品占销售的比例小于1%。经销商会接单，但不会为你改变自己的业务或积极地销售你的产品。

你的产品的重要性体现在与经销商谈判时，什么是对经销商而言重要的。如果你的产品是对经销商的产品线的主要补充，就要考虑候选渠道会不会导致渠道冲突、将来的增长潜力、培训、商标使用，以及其他类似事项。对于次要的和不重要的产品而言，经销商会对你是否容易合作、有什么样的销售活动以及与他们现有业务的匹配等方面更感兴趣。

弄清楚对经销商而言什么才是最重要的——企业真正想要或需要的是什么。作为起始点，你可以确信经销商会期望优质的产品、足够的奖励以及来自制造商的支持。做好准备，提供你具备所有这三者的证据。拿出你的产品线的质量标准的统计数据，如有可能最好附上来自客户或其他渠道的认证。提供行业可接受的折扣和利润。

且不要忘记，奖励远不只是折扣，它包括价格元素，比如折扣、回扣以及补贴等，还包括成本元素，比如运费条款、信用证条款和销售服务。还要强调对这类产品（主要、次要和不重要）的最密切相关的支持（比如合作广告、服务费项目、培训等）。

除了这些基本的东西，要准备一份谈判过程中必须使用的有诱惑力的列表。

不要把这些"诱饵"一次性全部展示出来，而是在基于需要的基础上提供。下面讨论一些可能的"诱饵"。

全产品线承诺。经销商可能希望拥有代理你产品线未来任何新产品的灵活性，并会特别重视不受限的承诺。

快速送货。尽管快速送货在某些时候鼓励了最后一分钟才下订单的行为，但能快速满足紧急需求也仍是被看重的。

直运能力。如果期望经销商能从库存满足当地订单，直运就似乎不适合作为讨价还价的一项筹码。然而，对一些大宗产品、一些独特的客户需求，或者需要从多个地点发货时，直接运输就会很有利。

价格保护。在存货价值发生波动时提供保护价格。经销商会希望在产品出现价格跌落或者大幅波动时，保持最小水平的产品库存。这可能成为制造商的问题，制造商需要在当地水平上能及时地进行产品供应，而库存缺货就会失去订单。提供价格保护后，经销商的存货就不会发生价值，这会更加激励他们增加存货水平。

举例来说，如果一个经销商采购了 10 万美元的产品库存，但是由于在最终用户层面的价格让步，导致库存价值降低到了 9.5 万美元，制造商可以在未来的采购上提供 5 000 美元的优惠。

一流的保修方案。提供优于竞争对手的保修方案，通常会使得经销商更容易地把产品销售给最终用户。这可能会吸引经销商来代理你的产品。

高级合作广告或者促销补贴。合作广告项目把制造商的当地广告成本在制造商与分销商之间进行分摊。促销补贴通常以花费在当地促销上的回扣的方式予以提供。在其他情况下，来自制造商的可用货币会因行业而有所差异，但通常在来自制造商的全部采购额的 1%～5%。

存货退换方案。对退货的处理会是经销商和制造商之间的一项事项。产品瑕疵应该引起制造商的注意，但是关于滞销产品又如何呢？制造商经常会接收某一定数量的滞销产品，但一般要伴随着等额或者更大价值的新产品采购订单。

陪同销售支持。对于某些特定的关键客户或者主要产品，如果有知识的销售人员或者来自制造商的产品经理陪同拜访，经销商会获益良多。

超过均值的付款或者信用条款。优越的条款会作为提供给经销商签约的短期诱饵。

引导销售和资质。如果你有持续的电话销售、广告或者贸易展示项目，创造强力引导销售，你就能给分销商提供一个地区引导销售的大约数值。

区域仓储。对于某些产品，制造商拥有地区仓储来为经销商服务将是有意义的。这可以减少经销商必须持有的库存数量和订单等待时间，避免对最终用户脱销的风险。这是一个供应链的问题。

产品培训。尽管分销商想充分了解他们的产品，以便成功销售，但是他们只能适应有限的产品，这通常是最主要的产品。如果你的产品是经销商的主要产品，描述一下你会提供的有关类型的教育机会。如果产品是次要的或者不重要的，证明你将如何简化或者理顺产品的学习过程。

展示设备的特殊政策。如果展示是你的产品销售流程的关键环节，就要有创造性地想一些方便经销商获得和使用展示设备的方法。

就像第 3 章中提到的，拟出书面的经销商协议或者合同是个明智之举。合同明确了双方的相互期望和不会改变的业务政策。此外，也会有附件或者附录说明地区和市场供应、产品供应和销售/绩效期望。

思考要点

我与候选人的会谈准备得怎么样？
- ▶ 我是否根据早期开发的模板来评估候选人？
- ▶ 我能否在不同的经销关系中找出关键的人员？
- ▶ 我是否准备好讨论相互的绩效预期？
- ▶ 我是否准备了谈判事项列表，以备不时之需？

本章重点

- ▶ 选择正确的渠道伙伴，可以提高长期成功的机会。
- ▶ 在开发理想的经销商模板时，要考虑买方分销、销售和支持服务。

- ▶ 明确最符合你的模板的经销商类型。
- ▶ 在准备你的方法时,了解你的产品对经销商的重要性有多少。
- ▶ 在会见渠道候选者的时候,着重讨论相互的绩效预期。
- ▶ 提前知道什么是可谈判的,什么是不可谈判的。

注释

1. Adapted from information from Frank Lynn & Associates, refer to www.franklynn.com.
2. Kenneth Rolnicki, *Managing Channels of Distribution* (Chicago: Amacom, 1998), p. 15.

第三部分

The Manager's Guide to Distribution Channels

建立与经销商的关系

第 9 章
The Manager's Guide to Distribution Channels

了解经销商的世界：对供应商的启示

与经销商建立良好关系的第一步，是了解他们的世界，了解他们当前的经营压力、他们对制造商的看法，以及制造业务和经销业务之间的主要差别。对经销商财务规则和快速改变的商业环境有一个清晰而全面的了解，会有助于制造商对经销商绩效有更加切合实际的预期，同时也能开展更为有效的销售支持项目。

经销商的定义

如本书前面几章中所提及的，"经销商"一词对不同的人有不同的含义。基本上，有两种不同类型的经销商。在经销商类别序列的一端是综合经销商，主要针对某个特定地理区域提供大量的、不同种类的产品；另一端则是专门经销商，只是针对他们所代理的少数几种选定的产品，提供技术和应用信息。

综合经销商，例如芝加哥的 W.W.Grainger 公司，都是一些被人们所熟知的批发商、产业经销商或仓储经销商。这类经销商的优势是产品丰富、有良好的客户关系和有竞争力的定价。他们提供广泛多样的产品，也就限制了对每一条产品线上的产品都有全面深入的产品知识。

人们通常用专门经销商所从事的业务类型来称呼他们，比如食品服务设备经销商或卡车配件经销商等。他们往往擅长于拥有产品应用知识以及客户支持服务，不过这类经销商所提供的产品范围很窄，而且库存有限。

经销商一词还有一些其他的定义。一些保险公司用该词来指它们的代理者、生产者或集成者，其他一些公司则将其与交易商一词互换来用，还有一些公司有总经销商与次级经销商之分，或者根据经销模式是一站式还是两站式，而有不同的经销商角色。尽管他们都被称为经销商，但在执行制造商营销和销售项目方面却表现出非常不同的能力。

应该根据功能，也就是根据其向客户和制造商提供的服务，来定义"经销商"或"经销关系"。如果不对经销商一词进一步定义清楚，就会造成误解和错误的预期。

> **思考要点**
>
> 我的经销商处在从专门经销商到综合经销商这一序列的哪一个位置？
> ▶ 不同的经销商在这一连续序列中占据不同的位置吗？
> ▶ 对我的经销商而言，处在这一连续序列中哪一位置才是最优的？
> ▶ 在这一连续序列中的位置会因为我要服务的目标市场不同而发生改变吗？

制造商的影响

制造商试图通过对其经销商施加影响，来完成销售和市场目标。任何一个制造商能够对其经销商所施加影响的程度，均与其产品能为经销商带来的收入和利润份额之间有着直接的正向相关关系（见第 8 章图 8-4）。

若一项产品只产生很小比例的业绩，比如约 1%，就被认为是不重要产品线，只是用来满足一些客户的订单而已。这种情况下，是谈不上什么制造商影响力的。次要产品线能够创造 2%～10% 的销售额。次要产品线对经销商的销售人员以及习惯购买这些产品的客户来说是比较重要的。主要产品线能够给经销商带来 10% 以上的收入或利润，是关系到经销关系的成功以及服务关键客户能力的重要产品线。

主要产品线的制造商对经销商的库存水平、销售和促销活动以及运营方法都能施加影响。不重要以及次要产品线的供应商在对经销商施加影响方面就很少能够取得成功。总的来说，你与经销商之间的关系可能只是简单的产品供应关系，对对方没有什么影响力；也可能达到了一个很高的水平，比如影响甚至参与经销商的促销、销售、库存和服务支持等活动。

> **思考要点**
>
> 我如何对经销商施加超业务比例通常所允许的影响呢？
> ▶ 什么样的方法最有效？
> ▶ 什么样的方法不起作用？

变革的力量

经销商的世界在过去 5 年中发生的变化，要比过去 50 年来都要大。驱动变革的关键是技术、社会以及经济因素，最显著的改变要算技术了。大量信息可以通过互联网和电子邮件快速地传递交换，地理边界的重要性越来越低。

运输速度的提高和运输便捷性的增加，更进一步消弭了地理边界的限制，而这正是以前划定经销商的边界的地理因素。今天，经销商的渠道冲突已经不是 20 年前的地理边界之争了。现今，通过互联网的产品供应、国际化的采购和定价以及多点快速货物运送等现象的出现，使得冲突可以来自任何方面。

诸如市场全球化和社会流动等社会趋势，都使得市场的成长、衰退、转移、细分都以极快的速度进行。经销商必须比以前更加快速地学会适应新的市场和新的客户。对于那些过去通过稳定的产品供应、信用、服务支持以及关系构建活动，向当地客户提供产品销售和服务，历时多年才建立起市场主导地位的经销商来说，改变是相当困难的。

专门经销商的变化趋势是规模越来越小，并依赖于产品、应用和特定市场的专长。因此，专门经销商可比综合经销商更快地改变市场方向。不过，市场的一个微小变动都可能在一个销售季中，将一个专门经销商清除出去，而综合经销商可以有更多的资源、时间和资金，以进行必要的调整。这两种类型的经销都会受到变革的挑战，只不过各自所受到挑战的方式不同。制造商需要了解和帮助经销商，以适应快速的市场变化，在这个新的战场上能够存活。

第三个干扰分销的因素是过去 5 年来我们所经历的经济动荡。像凯马特（Kmart）、Montgomery Ward 以及杰西潘尼（J.C.Penney）等许多历史上成功的零售业传奇都在这段经济困难时期倒下了。其他企业，从沃尔玛、家得宝到 Marshall Fields 和梅西（Macy's）等，都很好地适应了新的经济现实。经销商正在经历着类似的来自经济和竞争对手的混乱局面。

经销商正被迫改变自己基本的经营方法。举例而言，综合经销商尝试着在业务中增加专业中心，以吸引出现的新兴细分市场。专门经销商也努力增加产品线，以使自己小规模的业务能抵御经济衰退，减小市场改变所带来的冲击。

除了这些技术、社会和经济因素之外，在经销商序列中靠近综合的一端正在出现一些另外的变化。综合经销商会有一些交易性的销售，基本上可以定义为简单买卖交易中的商品化产品销售。这些交易受到以下三大主要因素的影响：

1．电子商务交易。
2．大型零售商，如家得宝、沃尔玛。
3．零部件整合商（c-parts consolidators）。

电子商务不会取代经销商，但却在改变着他们做生意的方式。制造商使用互联网作为多层市场营销方法的一部分，而经销商则用其提供全年无休的客户服务。举例而言，在供暖、通风和空调行业，许多领导制造商和渠道都运用电子媒介。Rheem Manufacturing 通过自己的网站向其客户和渠道合作伙伴提供信息，该网站被设计成可以将客户分别引导到专门为其设计的相应页面。Parker Hannifin 有自己的门户策略来满足不同的需求；对于渠道合作伙伴，站点能够提供检查订单状态、跟踪包裹运输、检索主要目录、下订单和检查现有库存等。[1]

大型零售商从综合经销商那里接手了大量小承包商的业务。当小承包商向当地经销商寻求合作时，他们通常只是被当作"C 级客户"，给很少的折扣、库存或服务支持方面的优惠。但是大型零售商往往在更加便捷的区域开设更多的店面，不论购买量多少，定价均有相当的竞争力。于是这些小承包商发现，到大型零售商那里购买维修服务所需要的主要部件和供应项目会更容易、更便捷，更具成本效果。大型零售商往往营业时间长，节假日也营业，以及还有其他方便的优势，这都吸引着小承包商。许多大型零售商现在正试着为承包商设立承包商中心、开辟快速通道，以及为小承包商提供延期付款等。

第三种力量是零部件整合商。整合商会接近购买 A、B 和 C 部件的工厂，并以外包的方式承接 C 部件的采购。制造商的预期结果是降低 C 部件的总采购成本。整合商提供所有零部件，管理他们在制造场所的使用情况，并维持该部件稳定的价格。这样，采购时间、检验、主要库存和内部零部件分销等间接成本得到降低。

尽管这一方法只是节省了间接成本，但对那些正在苦于降低总体制造成本的制造商而言，还是非常有吸引力的。作为回击，综合经销商则试图为交易性购买提供增加值。增加交易性购买的价值是件很困难的任务，并且也改变了综合经销商的基本商业模式。

无论经销商考虑做什么样的商业调整，有三件事是非常清楚的。那就是经销商必须：

1. 改变传统的商业模式。
2. 寻找新的方法来创造价值。
3. 更快速地找出新出现的市场细分。

那些能够在这些变革中存活下来的经销商，将会以更好的业务规划者、市场营销者和销售组织的角色凸显出来。有眼光的制造商会抓住这个机会帮助这些经销商转型，未来也能因拥有能干而忠诚的经销商团队获得回报。

> **思考要点**
> 我如何帮助经销商获得新的技能、演化，并在变革中茁壮成长？
> ▶ 对于如何经营自己的渠道，我有互联网战略吗？

制造商和经销商的区别

要了解经销商，意味着要了解制造和经销业务操作方面的主要不同。从图 9-1

可以看出制造商与经销商之间的主要区别,特别是与那些私有经销商之间的差异。

第一个区别是制造商和经销商如何定义并执行销售职能。制造商视销售为咨询过程,其中包括引领客户的产生、购买潜力判断、商业展示、建立共识、处理异议以及获得客户承诺。而经销商则视销售为关系的建立和订单的履行。制造商相信,销售是一种关于客户购买潜力判断和说服的战略活动。

	制造商	经销商
财务驱动	• 收入和预算 • 市场渗透 • 利润 • 投资收益 • 股票价格	• 销售额 • 毛利 • 现金流 • 盈利 • 所有者风险
营销	目标市场细分 定位	客户
竞争优势	产品、质量、特性、售后保障	客户关系 库存水平
时间	1年,2年和5年	明天,这个月
计划产出	团队承诺	行动时间表
销售	资质及具有说服力的展示	拿到订单、建立关系和促销

图 9-1 制造商与经销商之间在业务方面的差异

这些有关业务方面的对立观点,会在制造商陪同经销商的销售人员一起拜访客户时清晰地表现出来。当一个客户要求某种特定品牌的产品时,经销商的销售人员可能接下订单,或告知客户没有经销这一产品。制造商则会将这样一个客户需求视为转换销售和增加市场份额的绝佳机会。制造商不懂为什么经销商不去分享那样一个简单的逻辑。另一方面,经销商也不能想象,竟然为了一笔生意而告诉客户去改变他们的需求。经销商珍视与客户的长期关系,胜于从一个转换销售中获得的短期回报。这些不同的观点可能会造成挫折、失败的期望,甚至侵蚀制造商与经销商之间的合作关系。

第二个分歧出现在制造商和经销商在对竞争优势的讨论上。制造商相信,竞争优势来自产品质量、特性、产品保证和技术支持等方面。经销商则认为,竞争优势来自建立关系、产品供应、方便的地理位置和价格。制造商经常通过一些宣传册和促销活动，试图扭转经销商的观点。这些尝试难得成功，因为这样做并没有消除双方之间潜在的差异，并且他们也没有认清这样一个事实，即对许多经销商而言，竞争优势在于客户关系而非产品。

另外一个重要的差异是制造商与经销商对市场的看法不同。制造商的重点倾向于市场、市场细分、利基市场和目标市场，而经销商主要聚焦在客户身上。经销商很少知道且更不关心客户到底处于什么样的目标市场中。他们只是简单地将客户视为有潜力去买某一产品的买主。制造商则围绕着目标市场细分，确定自己的营销计划和项目。这些差异经常会让经销商认为，制造商的计划、战略以及项目并不适用于他们公司，也不适合他们负责的业务区域。

制造企业及其员工的财务驱动力也与经销关系中的这类因素有很大不同。制造商受预期收益、预算、市场渗透、战略执行，当然还有股东回报等因素驱动。员工的回报则是工资，还可能有一小部分是与公司目标实现相关的红利。经销商则更关注现金流、销售量、利润、应收账款以及库存状况。简单而言，小型经销商更看重与收支平衡密切相关的一些财务目标。现金流通常是经销商最关键的财务衡量指标，而制造商则更关注他们的股价或市盈率。

经销关系也会非常在意老板的个人风险和业务风险，以及这些风险是如何与每笔销售、业务决策和活动相关联的。简而言之，经销商并不喜欢长期的现金缓冲或机构惯性，这恰是让制造商能够历经几年业绩变化仍保持运营的关键所在。

另外一个重大差异在于时间范围。制造商的计划时间范围比较典型的是1年、2年和5年。经销商的计划范围则是现在、本周、本月和本季度。他们的行动和决策都是围绕着短期目标和增长客户关系。制造企业的计划职能包括营销研究报告、现场报告和市场情报，最终形成的冗长文档里包含上百页的复杂战略、技术细节以及许多附件。

经销商如果有所谓的计划的话，通常也只是基于几个关键人物的观点形成的短短几页纸而已，而且偏重于战术性而非战略，并多半是围绕着行动计划：比如谁在什么时间做什么事等。大多数经销商还是会获取作为计划者的经验。不过，这些计划的清晰程度和行动方向可能比制造商所制定的大型计划更能引导公司实施。相对于经销商对客户的日常关怀而言，在时间范围和行动计划等方面的结果差异让制造商显得更为庞大、行动迟缓、过于沉着，并且反应迟钝。

最后，经销商和制造商在业务运营方面的差异可能会造成误解、营销规划不合，削弱彼此的信任。解决之道并不是试图改变这些差异，而是要将这些差异纳入制造商和经销商的商业计划中来。

> **思考要点**
> 我是否清楚地了解制造商和经销商在业务运营方面的差异？
> ▶ 对我的关键经销商而言，最重要的三项财务驱动因素是什么？
> ▶ 我能否将营销及销售规划转换为经销商的行动方案？

经销商运营的改变

本章所讨论的来自市场、技术、社会及经济改变等方面的因素引出了两个新的问题：

1. 经销商为了生存必须要改变其基本的商业模式。
2. 思考制造商和经销商关系必须重塑，以适应变革。

经销商的商业模式已经开始改变了。经销商在财务方面变得更加老练。以前，经销商用毛利或年度库存周转来评估一条产品线；如今他们开始用更精密的指标，比如毛利回报对库存投资的比率（gross margin return on inventory investment，GMROII）。这一指标是将获得毛利与存货持有成本相比较，让经销商评估其经营的每条产品线的存货投资报酬情况。通过把一条产品线总的年度毛利除以该产品线的平均月度存货投资成本，就可以计算出这一指标。

第二个改变是，经销商商业模式的复杂度日益增加。综合经销商开始从事专门业务，而专门经销商也开始增加产品线及市场，以此来增加收益。经销商要改变自己的商业模式，就必须获得新的业务及管理技能，来经营更为复杂的多面业务。

第三个改变体现在经销商的业务运营上。经销商坐等接单的时代过去了，现在他们必须开始转向咨询式销售。在这个过程中，制造商要对经销商进行帮助和教育。初期的成果会好坏掺杂，但这种改变的必要性已毫无疑问。对于那些依赖经销商来执行业务及营销计划的制造商而言，这些快速的大变革是前所未有的，并且让他们感到不安。

思考要点

我的经销商的商业模式正在发生什么样的改变？

▶ 我正在做些什么来帮助他们进行改变？

制造商与经销商关系的改变

制造商和经销商关系的最大改变，是对彼此业务功能的分担。传统上，这些功能一直是由制造商或经销商中的某一方单独承担的。举例来说，增加当地客户信用这一职能，过去就一直由经销商单独负责。现在，许多制造商都已设立了租赁项目，来帮助经销商增加销量，并且为二手设备创造维修零件的市场。在这方面的一个案例就是 Manitowoc 公司的制冰机部门。在 20 世纪 90 年代早期，制冰机市场上增长最快的经销方式是租赁经销商。这一市场得以启动，源于 Manitowoc 公司为经销商建立了一个租赁计划，他们的经销商可以借此增加销量。这样一来，信用功能就变成了由制造商和经销商双方来分担。

本地库存是另一种典型的由制造商留给经销商来承担的职能。不过，制造商和经销商的库存重复，会抬高最终用户的成本。结果，制造商和经销商发展了向客户直接配货计划、现场存货计划及区域仓储的选项。Trane 公司最好的零部件经销商中心为其经销商提供了积极的现场存货计划。按照这一计划，零部件存储在客户现场，直到需要的时候才被配送。当零件出库时，一项销售也就完成了。可以说，库存也已经成为一种被分担的职能。

在传统职能被分担的同时，对执行这些功能所花费的成本也应该被分摊才是合理的。因此，制造商和经销商会基于对最终用户提供的价值，来议定他们之间的合约。实现最终用户满意度的最大化，是新式制造商－经销商合作关系的目标，并且是应对全球竞争的必要。

> **思考要点**
> 我跟经销商之间有哪些关键的摩擦？
> ▶ 重新设计双方关系的责任归属是否有益于消除那些摩擦？
> ▶ 一些特殊功能的职责是否可以被转移或分担？

对制造商的战略启示

制造商必须评估其经销商的战略实施能力。他们对这些能力的评估，将会影响到其所执行的营销战略的类型、水准和精细程度。以下五条是影响分销能否成功实施所必须考虑的战略性事项。

制定的战略要简单。制造商应该制定简单、直接的营销战略。一个渠道商大约需要花费一年时间来学习供应商要他做什么，第二年才能达到精通。复杂的战略将会延长这些时间范围，降低有能力执行计划的经销商比重。

表明优势。制造商不应该把一项无形的优势用做经销商销售战略中的核心元素。制造商用于与经销商合作的最成功战略，是将差别以可视化的方式清楚地展现出来。一种产品具有可呈现的或可见的差异性，对于经销商的销售至关重要。尽管经销商正从接订单演变成咨询式销售，他们仍然需要制造商的帮助来进行转型。

可展现的或可视的差异易教、易学，也容易跟客户一起使用。这有助于经销商的销售人员在客户面前更从容，更有知识，也更有影响力。

有关这两条原则的一个清晰例证是 Manitowoc 制冰机在过去 15 年来的历史性成长过程。当 Manitowoc 刚进入制冰机制造领域时，他们生产的产品质量出众，并且跟其他的制冰机有明显的差异。制冰机靠重力来收取冰块，而其他所有的竞争模型都使用复杂的机械系统来收冰。Manitowoc 的业务诉求非常简单，并且清晰可见，这使得其成为市场领导者。

这个故事有趣的部分发生在专利期满的时候。Manitowoc 在那时将其战略改为"产品、质量和服务",这个战略是高度复杂并且不可见的,导致了市场占有率的下滑。3 年后,Manitowoc 设计出市场上唯一可以进行自动清理、自动消毒的制冰机,重新获得了竞争优势。这一清晰而又简单的新战略创造了比 3 年前的销售高峰更高的市场占有率。

此处的经验教训非常清楚。你的战略应该与竞争对手有明显的差异,如此,你的经销商才能有信心向客户展示,为什么购买你的产品才是比较好的选择。

保持一致性。第三个必要的战略是一致性。如前所述,渠道伙伴需要大量时间来学习并执行一项市场战略。如果你经常改变战略,就需要不断地进行再培训,并最终会把经销商搞得莫衷一是,而你的战略也会变得一团混乱,因为你的战略要通过渠道才能传递到最终用户手中。如果你通过一个大型的分销网络经常性地改变战略,你就会降低执行这些战略的机会。

战略的成败取决于努力执行的质量,以下两位市场经理之间的对话就能证明这一点。第一位刚说完:"我的战略是这样的……",另外一位就回答道:"那真是个糟糕的战略。"对此,第一位冷静地回应道:"但这并不意味着它无效。"他的理由很简单:一个平凡的战略若能被很好地执行,往往能击败一个被执行的很差的伟大战略。一个简单、清晰可见并且一致的战略才最有机会被很好地执行。

选择适当的"推"或"拉"销售。第四个重要战略是为你的渠道选择合适数量的"推"或"拉"式的销售。如果提供的是小型或次要的产品线,你的经销渠道需要以"拉"式营销战略为主,这种方式是基于通过与最终用户沟通交流,让他们对你的产品产生需求,从而驱动他们到你的经销商那儿去购买。大型品牌如可口可乐、Dial、Kohler 或 Honeywell 都是运用"拉"式战略。

主要产品线的供应商可以使用"推"式战略,驱动它的产品通过密集的渠道实现高销售展示和销售目标。如果你运用"推"式战略,其中非常重要的环节是产品培训、应用培训和销售培训,这些是经销商获得成功所需要的销售工具。

提供转换。第五项战略要务是将制造商的全国营销计划转换成为经销商的销售拜访机制。大部分制造商容易犯的错误是没有清楚地揭示其年度营销计划,就期望经销商能正确地解读这个计划,并创造出非常一致的销售计划和销售拜访。

如果能把发展经销商销售拜访的工作指派给一个团队去进行,之后再发布到地区管理团队,并最终完成包括角色扮演以及奖励考核等后续工作在内的培训计划,会大大提高制造商的计划被正确执行的概率。

有无这样的连接通常是制造商能否通过经销商来完成战略实施的关键点。

总而言之,与经销商更好地进行合作的战略包括:(1)简单;(2)差异要清晰可见;(3)随时一致性;(4)适当水平的"推"或"拉"式销售;(5)将制造商的销售和营销计划转换成为经销商的销售拜访。把90%的努力投入执行渠道战略上,因为高质量的执行比任何其他的变数对你最后的成败更有影响。

思考要点

我是如何向经销商清晰可见地表明竞争优势的?

▶ 他们能将这些优势放在客户的手里或者展示在柜台上吗?

▶ 我能否决定出适当水平的"推"或"拉"式销售。

本章重点

▶ 由于技术、社会以及经济力量等因素,经销商的运营方式以前所未有的速度发生改变。经销商必须学会适应、改变,并管理更加复杂的商业模式。

▶ 制造商和经销商彼此分担销售执行中的功能职责,因此他们之间的关系变得更加复杂。

▶ 制造商必须针对经销商的能力来开发销售和营销战略,并在执行过程中积极地帮助他们。

注释

1. John R. Hall, "Transacting Business Over the Internet," *Air Conditioning, Heating & Refrigeration News*, 24 March 2003, p. 17.

第 10 章

The Manager's Guide to Distribution Channels

建立共同的销售绩效预期

第 10 章中强调了战略执行的重要性。如果执行得很差，再伟大的战略也不会取得成功。这就是本书剩下来的篇章会着重讲述改进供应商与渠道伙伴之间持续关系的原因。本章讨论渠道设计流程的第 5 个阶段，如图 10-1 所示。

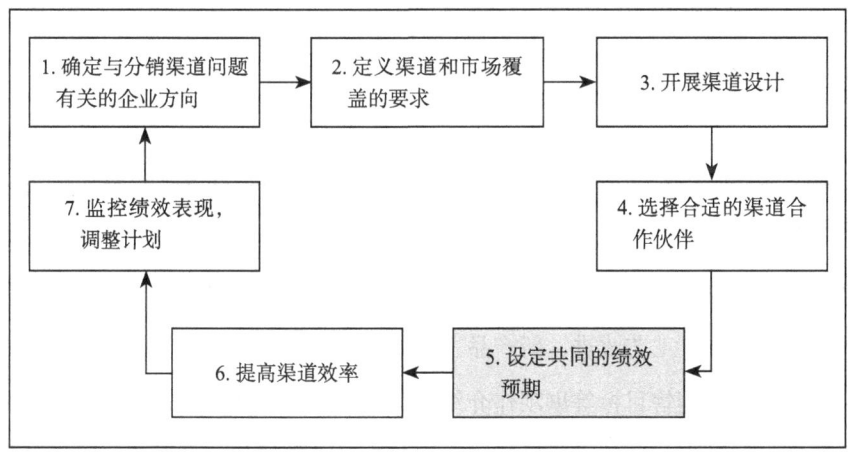

图 10-1　渠道重构的第五阶段

传统上对角色的预期

一直以来，经销商的主要任务就是在特定地区对制造商生产的产品进行销售和促销，提供各种优惠的付款条件，并把库存保持在一个适当的水平上（关于制造商和经销商的功能角色请见表 10-1）。这些传统上一直很明确的角色多年来几乎保持不变，除了在做年度销售预测时需要少有调整外。在预测评估会上，制造商会告知经销商来年的预计销售量。经销商经常面对与自己预测相差甚远的数字，然后双方再展开激烈的讨论。经过谈判后，双方往往能达成一个预计销售量，但此过程给双方的感觉会不太愉快。

表 10-1 制造商与经销商的传统角色

制造商角色	经销商角色
• 生产质量稳定的产品	• 产品和零部件的本地仓储
• 技术支持	• 技术支持
• 销售与技术培训	• 本地市场信息
• 新产品开发	• 本地债权人租赁项目
• 市场研究	• 票据支付
• 沟通与销售方案	• 销售预测
• 保修与退货政策	• 本地营销
• 销售领导	
• 及时交付	
• 定价	
• 合同确定关系	
• 电话销售助理	
• 品牌营销	

这种简单的角力方式已经被更加综合的商业讨论所取代。这些商业讨论是对制造商和经销商双方商业计划的分享。通常先由制造商就来年的详细计划、产品开发、质量提高、工艺改进、新产品、销售项目、激励、协作促销项目以及在产品和市场方面的销售目标等事项作介绍。听取了制造商的计划之后，经销商会提出自己来年的计划。经销商的销售机会包括对本地市场的一些看法、关键的操作变化以及对产品和市场方面的销售预测。

尽管这类讨论的最终结果是跟先前描述过的一样，也就是分产品和市场的销售预测，但是现在的商谈成果却是双方彼此分享、交流和协作创造出来的。每一方都有机会基于分享到的信息调整各自的计划。

制造商和分销商两者之间的信息互动越来越频繁，因此本章主要包括在这些背景下的几个内容：

- 对制造商营运规划的要求；
- 对经销商营运规划的要求；
- 用于建立经销商绩效衡量指标的模板描述；
- 用于衡量经销商绩效的市场渗透指标的模板描述。

制造商的商业计划

制造商的商业计划通常每年向经销商公布一次，具体的途径一般是经由年度会议、全国性的通告活动、由本地区域销售经理传达或者通过邮件附带材料和跟进计划的方式寄送。制造商对经销商公布年度计划的具体方法取决于制造商的预算、该条渠道线的相对重要性以及规划改动程度的大小，对具体方法的选择也受到传统做法的重要影响。

制造商投入的计划工作量、精力和资金反映了该年度计划的相对重要性。表 10-2 列出了这类制造商为经销商制定的营运规划所覆盖的主题：

表 10-2　制造商的商业计划大纲

第 1 部分——业务概况
▶ 上一年度销售情况回顾
▶ 商业计划概览
▶ 竞争分析与市场情况
▶ 渠道概述
▶ 营销与销售战略
▶ 销售目标
第 2 部分——产品概况
▶ 新产品
▶ 产品升级

（续）

- ▶ 质量提高
- ▶ 制造作业概述
- ▶ 技术趋势

第 3 部分——经销商方案概况

- ▶ 销售方案
- ▶ 广告及宣传
- ▶ 印刷品
- ▶ 展示
- ▶ 合作广告
- ▶ 销售竞赛及激励方案
- ▶ 培训项目
- ▶ 特殊议题
  - 全国性客户
  - 电子商务
  - 购买群体

第 4 部分——销售预测

- ▶ 按产品
- ▶ 按市场
- ▶ 市场渗透指数

在制造商展示完计划中的关键要素之后，一般是留出时间进行问答环节。如果是在年度会议上展示的计划，还会有一些其他活动要进行，比如答谢宴会、经销商圆桌会议、外来演讲者、游览或其他事项。如果会议是在制造商所在地或附近召开的，通常还包括工厂参观，这也是一次绝好的深入互动的产品培训、技术培训和技能开发培训。

在制造商准备年度经销商会议的时候，要坚持三项基本规则：

1. 有趣
2. 特别
3. 诚恳

要把会议开得有趣，需要把会议地点选在有趣的旅游地，会议的每一个环节都要充满高度活力、高的士气和高的参与度。

要想把会议开得特别些，可以使用经销商的"行话"进行交谈。制造商很容易泛泛地谈一些细分市场、利基和定位等，但经销商思考得更具体些，比如产品、销售和客户。经销商希望明确知道一些特别的信息，比如现在的状况、即将要发生什么、什么时间发生、经销商将对所要发生的起什么作用等。

最后，经销商要得到真实准确的信息。制造商过于乐观或过于悲观的看法都会损害经销商正在进行的商业运营，因为经销商的商业计划是根据制造商的信息来制定的。

经销商计划

展示完了制造商的计划后，制造商的区域销售经理要安排会议，与经销商听一下他们对来年的计划。这些计划环节的重点是确保经销商的计划与制造商方向一致，回顾预测，讨论问题和可能的机会。

正式写出来的商业计划对许多经销商而言是一个相对新颖的概念。多年来，小经销商都不做计划，因为年复一年的变动很小。经销商仅仅被要求写一些简单的财务计划给银行，做一些来年运营主要改变的纪录。

许多经销商会抵触正式的商业计划，他们认为这些东西不值得为之付出精力。下面的说辞就是一些典型的经销商反对商业计划的说辞："我们都达到目标了""谁有时间啊？""我们现在已经有非正式计划""计划就是写完就忘的东西""事情变化太快""我们的预测取决于几个关键的客户"。一些没有说出来的阻碍也来自对任务不熟悉，以及不知道从何开始。

为什么应该有一份经销商计划？最重要的原因是其业务的经营环境与模式变

化逐年增加。对于支持经销商进行商业计划的特别商业论据是：

1. 设定经销商活动的主要方向；
2. 建立有关财务和关键活动的目标；
3. 使得关键活动和销售目标可以度量；
4. 优先考虑和协调日常决策；
5. 最重要的是可以增加商业成功的概率。

简单地说，有商业计划的企业要比那些没有计划的表现突出。对经销商而言，什么样的计划最成功呢？在开始进行或者改进经销商计划时有下面一些概念。

简单化。打个比方，经销商更近似是消防员而不是软件工程师。经销商的计划要简单并且足够清晰，以便能够在通常都是纷繁的处理顾客日常问题和要求的条件下执行。

使计划可度量。模糊又不可度量的目标不应该出现在经销商计划中。所有关键行动都应该与目标的实现直接相关。目标要聚焦于销售增长、客户和市场渗透，推介新产品或增进最终用户的满意度，而不是赢得竞争。经销商往往易于反应并过度竞争，结果他们花了太多的精力用于应对竞争而不是计划自己的未来。竞争反应在开发定价策略时尤其危险。

纳入长期目标。对一些小的经销商来说，制定计划更容易被着眼于短期目标和活动。经销商不看长远的原因在于他们只关注现金流和日常销售额。财务目标会驱动短期成功，但通常以长期市场定位和总体能力为代价。

开发监控系统。经销商计划被永远搁置的风险很高，因为繁忙的日常活动占据了经销商的大部分运营时间。如果对经销商计划不强制进行月度监控和评审，这些计划就会写完存档然后很快被抛之脑后。

对计划进行沟通交流。培训与沟通必须在可以预期的成功之前就提交给整个组织。大量的经销商都是小企业，每一个员工必须理解要取得成功的计划并为之贡献力量。

经销商应该如何开始制定计划呢？最容易的方式是先通过解决以下三个基本

问题来进行一些小而简单的计划：

1. 我们要往哪里去？
2. 我们的服务对象是谁？
3. 我们怎样做才能成为最好的？

对这些问题的回答将形成经销商业务的基本使命。在开始年度计划进程时，先问问自己"今年我们需要从何做起？"这样的问题。制造商能起到催化剂的作用，并在促进经销商更加胜任商业计划的制定、在财务上更专业、营销和销售领域更有战略性方面扮演着重要角色。对制造商的回报是获得一个更强有力和更加忠诚的渠道伙伴。

随着经销商对商业计划的逐渐适应，可以试着做一些复杂并具有战略性的计划大纲。更为详细的经销商计划应该包括的内容有：优势、劣势、威胁和机会、简要的战略、销售与营销活动、产品和市场的销售预测以及一个行动时间表。表10-3 展示了一个经销商计划大纲的例子。

表 10-3　经销商商业计划大纲

对上一年度销售业绩的评审
总销售额
▶ 按产品
▶ 按市场
▶ 渗透指数或市场份额估计
▶ 产生这些结果的主要原因
业务分析
▶ 优势
▶ 劣势
▶ 威胁
▶ 机会

(续)

目前状况
- 市场
- 竞争
- 能力
- 关键客户
- 分支机构（如果有）

目标
- 下一年的销售目标
- 运营目标
- 定性化的目标

销售策略

销售活动
- 销售覆盖
- 促销
- 事件
- 直销
- 市场/产品重点
- 激励方案

销售预测细节
- 产品
- 市场
- 关键客户
- 分支机构

活动时间表
- 谁、做什么、什么时候

尽管经销商很少与制造商分享他们的整个计划，但是他们却应该分享其业务中直接影响制造商的产品线的产品和市场方面,以及那些对其执行销售、促销、存储和支持责任能力发生影响的内部结构上或运营上的重要变化。计划分享会议应该对假设、战略、活动和销售预测产生清晰的理解。行动计划使得制造商和经销商可以对关键活动进行全年监控,并做出必要的调整以获取期望的销售目标。

经销商正面对着比以往更多的竞争,经历着滞销和库存积压之痛。这些事实正引导他们通过与渠道伙伴协同完成更多更好的预测而非简单地依赖过去的情况。协同计划、预测与补给(CPFR,或者仅仅是协同预测)是经销商联结下游客户(也可能是联结上游供应商)来预测未来产品用途的过程。

乔恩·斯克里布菲德的著作《进步经销商》这样谈论过:

> 电子商务方面的进步促成了计算机系统之间更好的通信,导致电子协同规划、预测与补给(CPFR)系统的发展。现在许多分销系统可以设置为从客户的进度和生产软件中接收库存需求信息。经销商的需求预算会将这些需求信息考虑进去。[1]

经销商特征档案

制造商一直想找出一些经销商比其他经销商表现优秀的原因。识别关键绩效差异的方法之一是建立那些渠道中最成功的经销商的特征档案。如果遵循下面五个步骤过程,建立一份经销商特征档案还是很容易的。

1. 根据市场份额业绩,选择渠道中前10%的经销商。
2. 列出那些最能够描述这些经销商的特征。
3. 识别出列表中出现最多的特征。
4. 将特征列表压缩到最常出现的五六个特征。
5. 与选中的经销商和区域销售经理一起评审这个列表,主要检查他们的反应和有效性。

为了进一步使你的列表有效,将渠道中的所有经销商按照市场份额排名,根据经销商特征档案从1到5打分。表现最好的经销商在表现上得分高,而那些业绩差的经销商在表现上得分低，这样你就创造了一份合理有效的经销商特征档案。最后一步，验证这份特征档案是否有效的方法，是向下游渠道成员询问他们最看好的经销商及理由。如果他们的回答与你得到的特征档案吻合或能够加强，那么你就可以确认这份特征档案的有效性。

经销商特征档案有两个主要用途。第一，它可以用来选择或取消经销商。这样它就可以用于精炼理想的候选人模板，像渠道设计过程中的早期阶段所描述的一样（见第 8 章中表 8-1）。第二，可以用来培训经销商。这些特征档案帮助识别哪些业绩可以改进。表 10-4 展示了一个经销商的表现（XYZ 制造商）。XYZ 为经销商提供主要产品线（如第 8 章中表 8-2 所定义的那样）。从 5～1 来表明一个经销商的发展总体表现。如果一个经销商在任何一项的得分是 1～2 分，这项就成为可以潜在改进的区域。有效的特征档案在你的网络中提供了一个选择、管理、取消经销商的绝佳指导。

表 10-4 经销商表现

	得分				
	优秀				差
	5	4	3	2	1
主管的热心支持					
负责 XYZ 产品的专家					
高质量技术人员					
XYZ 产品是竞争力所在					
聚焦于我们的市场					
销售的是一个系统，而非组件					
有效的内部操作系统和管理					

成功的 XYZ 经销商的关键特征

主管的热心支持

经销商的主管信任并促进 XYZ 产品线和战略，这是在市场上成功的关键。同时也将 XYZ 放在产品线的前 3 项。知道 XYZ 在哪儿与全部经销额有关以及原因是什么。经

（续）

常分享从会议或通过备忘录收到的所有 XYZ 信息。持续促进支持工具和 XYZ 的基础能力。

负责 XYZ 产品的专家

指派专人作为"XYZ 产品线经理"。

高品质的技术人员

定期选派销售人员去参加有关 XYZ 的培训。了解技术培训的需要，有时也提供或要求一些补充的课程，助推其职业发展。他们认同技术背景是成功应用 XYZ 产品和系统设计的关键因素。

XYZ 产品是他们的竞争力所在，对其成功非常重要

用 XYZ 的名称来传递其质量和表现，使其有别于其他竞争产品。

聚焦于我们的市场

了解并通过渠道销售努力来抓住可用的原始设备制造商和行业，提供未来的替代业务。不依赖于市场增长来促进 XYZ 产品的销售增长，而是主动取代竞争性产品，并提高其应用能力。

销售的是一个系统，而非组件

不是单纯地根据产品列表或网络上的相互参照功能来被动地销售产品，而是将每次应用都当做新的机会。将 XYZ 产品销售与其他组件结合起来，将机会发挥到最大化。

有效的内部操作系统和管理

设置一套办公室管理系统，来有效地生产、监管、提供订单、发票、存货和运输，也在积极使用办公室技术和通讯设备。

思考要点

对比一下表 10-4 和表 8-1 中的例子，我的经销商表现如何？
- ▶ 我的经销商档案能否预测哪些伙伴在销售方面容易成功？
- ▶ 我会如何利用经销商档案来改进个别经销商的业绩？

经销商如何评估制造商

在经销商代理制造商的产品之前,他们会关心制造商在市场上的产品和声誉。很多情况下,他们是相互竞争关系。有时,经销商与制造商是合作伙伴关系,在这些过程中,经销商得以近距离地观察制造商的产品、能力和政策。

一旦经销商取得制造商的产品代理权,他们就开始在更为个人化的一致性基础上进行互动。他们开始知道制造商对客户问题进行应对的能力和意愿,而这些会让经销商进一步判断:"与他们做交易很轻松",或"他们搞砸了"。

这些观点主要基于由制造商每天接听日常电话时的礼仪以及问题解决方案而产生的。经销商打电话求助库存问题,产品支持、培训、文案、产品问题,保修事项或者报废问题。制造商可能非常友好,也有可能很难相处。

经销商对制造商的看法影响到他们解决客户问题的积极性。总而言之,制造商的声誉将影响下游渠道成员和最终用户对制造商的看法。

> **思考要点**
> 我的经销商是如何评价我的产品和政策以及合作的容易程度的?
> ▶ 这些如何影响我的下游渠道成员和最终用户?

渗透指数

渗透指数是产品在本地市场的销售渗透程度。渗透指数提供了经销商销售业绩与本地市场规模销量的比较,使在大城市经销商与小市场经销商之间进行合理而公平的竞争成为可能。建立渗透指数的关键要素是找到一个准确的衡量标准,来衡量市场规模。有一个例子可以让这个概念易于理解。如果你正在销售牙膏,一个渗透指数的尺度可能是人口。一个有着 1 000 万人口城市的经销商比在一个 100 万人口城市的经销商应该多卖出 10 倍。这个概念是相对容易理解的。

然而,工业品通常并不遵循人口基数,因此寻找一个有效的尺度就成为构建一个有用的渗透指数的首要挑战。举例来说,一个维护、修理和操作供应商在选择渗透指数的衡量标准时，可能会使用北美工业分类系统（NAICS），这是基于制造设备的数目和尺寸给定的，以前是指标准工业分类代码（SIC）。

这一衡量标准可以随时加入其他变量来进行调整。一旦经过调整并验证，渗透指数便成为一个有价值的工具，实现对经销商业绩的监控。当某一经销商的渗透指数低于公司平均水平，制造商可以回头检查其表现得分，看哪些活动需要注意。

思考要点

我如何比较不同市场的经销商绩效？

▶ 我的渗透指数（PI）的衡量标准是什么？

▶ 我的标准是公平公正的吗？

渗透指数主要被用做一种衡量的标准。制造商在其所有的经销商销售基础上建立一个平均的渗透指数。每一个超过平均值的经销商被认为超过渗透指数100%，而低于此标准的就是低于100%。超过100%渗透指数的经销商会受到区域奖励或者年终激励，而低于90%的经销商通常会被通知注意改善，甚至可能被解除合作关系。

渗透指数是评价经销商业绩的一个有价值的指标。它可以用于参考我们在第5章讨论的市场份额、产品适合度、销售率以及在某一领域的占有率等。[2]

本章重点

▶ 经销渠道的多变性和复杂性，导致了制造商与经销商在信息分享及协调行动上的必要性。

▶ 经销商与制造商都面临着越来越复杂的业务。

▶ 制造商应该开发经销商渗透指数及经销商档案，以便更好地监控和管理经销商业绩。

▶ 经销商持续受到不同的挑战，成为更好的商业计划制定者和专业精明的财务专家，同时在销售方法和目标市场方面更专业。制造商能够在激励和培训其经销商匹配这些挑战方面发挥重要作用。

注释

1. Jon Schreibfeder, "Reduce Inventory with Collaborative Forecasting," *Progressive Distributor*, March/April 2001, pp. 5 ff.
2. Chapter 5 of this book contains information on providing channel and coverage requirements from a strategic perspective. As such, the distributor profile and market share calculations were presented as tools of channel design. Although they link to the profile and penetration index in this chapter, the emphasis here is working with an existing channel. It may be useful to compare and contrast the techniques for your usage as appropriate.

第 11 章

The Manager's Guide to Distribution Channels

提高渠道效能

一旦确立了绩效预期并制定了计划，制造商的任务就转向帮助经销商和其他渠道合作伙伴实现目标，实施他们的计划。这是渠道设计过程中的第 6 阶段，如图 11-1 所示。

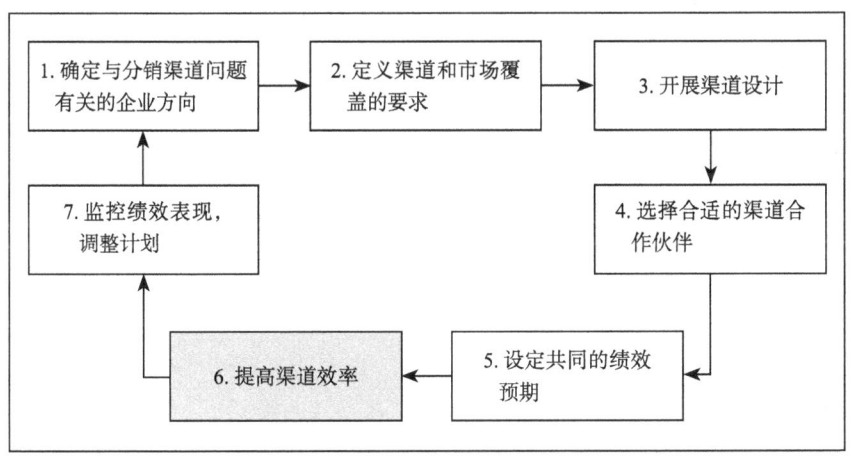

图 11-1　渠道重构的第六阶段

本章将聚焦于帮助经销商更加有效地销售制造商的产品。值得注意的是，如果你正在对经销商认为最重要的产品线采用"推式"策略的话，这些技术会发挥最优效果。如果产品对经销商而言不是很重要的话，制造商可以采用"拉式"策略，或者鼓励经销商在销售某种主要互补品时，交叉销售其产品，或者采用捆绑策略与互补产品制造商合作。

提高渠道效能的六要素

本章中，你会阅读到关于制造商用来提高经销商绩效的基本方法，以下六个概念将会被深入探讨。

1. 通过成功实施制造商的计划，在各级经销商中实现基于价值和可获得财务回报的销售。
2. 选择一个产品"拥护者"或者产品线专家，作为制造商的关键联系方向，以助于项目实施和协作活动。
3. 针对产品"拥护者"或者产品线专家进行销售方面的培训。产品线专家应该成为制造商产品线最富技巧和生产效率的销售员，同时也是库存专家、促销专家以及执行制造商相关任务的先锋部队。
4. 在相关产品、市场、申请、服务和销售流程等方面，制造商培训经销商的所有销售人员、客户联系人和下游渠道成员。每位负责客户联系的人员都应该能够让客户感觉到信心和满意。
5. 对促销和广告提供指导，还包括合作项目、文字材料、商业展示、促销、专门激励以及事件、活动等。
6. 成为一个经销商的商业咨询师和财务顾问。

对经销商的销售

在帮助经销商变得更加成功之前，制造商必须与经销渠道中的所有层面建立起稳固的个人关系，并在产品和项目中体现价值。要做到这些，制造商应该有富有才华的称职的区域销售经理来号召经销商，实现多层次并且多面性的销售计划。

销售计划应该包括市场上关键竞争参与者的识别、根据产品和市场确定的销售目标、整体战略、销售电话安排、本年度要完成的特别事项。一些需要考虑的事项包括：培训合适的市场人员有关技术、产品、系统和销售技巧；促销行动计划；

对产品拥护者或专家的培训；对关键销售员和客户服务人员的帮助；文档、促销、策略、样品和第一线指导、产品保修、退货的协商；最后，对经销商所有者提供关键业务挑战和机会方面的咨询。销售计划表明经销商是极端复杂的，需要一系列技巧来实施。

区域销售经理

区域销售经理必须具备以下 10 项技能，才能成功地与经销商合作：

1. 把制造商的产品和项目销售给负责人、中层管理者以及销售、客户服务和采购方面的员工。
2. 在销售、客户服务、产品、市场、技术知识和程序方面提供培训和教育。
3. 提供电话销售方面的帮助。
4. 对产品线专家或者产品拥护者进行长期的培训。
5. 对激励项目的促销和销售提供帮助。
6. 与渠道成员建立客户关系，并帮助经销商建立关系。
7. 组织渠道，使与下游客户的冲突最小化，并与其之间的竞争尽量减少。
8. 保证经销商在信息、文档和销售展示方面不断升级更新。
9. 协商保修、退货和所有其他策略。
10. 对财务事项提供咨询，对经销商的财务规则保持足够的敏感性，对主要负责人的商业计划提供帮助。

要寻找到一个完全胜任的区域经销商是很困难的，因为对一个人的要求如此之多。一般来说，雇用一个区域销售经理要测试对所有这些技能的排序和妥协。

经销商再销售激励

经销商购买一项产品，不是因为它是最高级的或者因为它具有需要的特征；他们购买产品是为了把产品再卖给消费者。他们的主要业务功能是销售。制造商不应该企图把产品的质量卖给经销商；制造商出售的产品应该有助于容易再销售，并且具有很高的利润，能强化对客户关系的提高。

经销商中不同的人会有不同的再销售动机。经销商最感兴趣的是产品的盈利和执行产品线的财务需求。中层管理者对一项产品线感兴趣的是，产品对雇员情绪、客户保持和操作系统的能力方面的效果。柜台人员、销售员和采购以及技术支持人员对于产品质量、销售的容易度、策略执行的难易、技术支持项目和承诺方面最感兴趣。

制造商的项目要能够吸引到不同层面的经销人员、部门目标和组织最关键的目标都是至关重要的。表 11-1 是制造商就销售计划拜访经销商的大体业务规划。

表 11-1　产品线专家主要工作说明的范例

识别

　　姓名 _____

　　地址 _____

　　部门 _____

　　负责人 _____

目标

　　去年销售额，按以下标准划分：产品 _____

　　　　　　　　　　　　　　　　　市场 _____

　　　　　　　　　　　　　　　　　部门 _____

　　今年销售目标，按以下标准划分：产品 _____

　　　　　　　　　　　　　　　　　　市场 _____

　　　　　　　　　　　　　　　　　　部门 _____

战略

　　对战略总体的简要陈述

　　_____

　　_____

　　_____

（续）

潜在行动
开发新的多层关系
培训   产品
技术
销售
服务
对促销、广告、直邮、E-mail 和活动给出指导
建议和管理协作基金
开发产品线的"冠军"产品
提供销售方面的协助
对负责人在商业计划和监控方面提供帮助
提供例行服务、信息和文案升级
管理者：促销方案
保修和退货
解决销售政策冲突方面的解决
拜访规划
日期   目标   联系人
_____ _____ _____

功能性折扣

  制造商通常依据购买量给经销商提供价格方面的激励。通常的假设是，如果经销商购买了大量的产品，他们必须要销售。然而，这一渠道销售战略聚焦在销售给经销商，而非通过经销商销售给终端客户。这在建立渠道关系或增加最终用户价值方面并不是一个有效的途径，并且会对最后总的市场定价产生很大的干扰。

  要提高市场份额，一个比较好的方法是基于经销商在营销、销售和促销项目参与的基础上提供功能折扣（参看第 1、4 和 6 章关于功能折扣的有关信息）。功能折扣计划会对一些活动提供折扣，如参与商业展示、促销活动、柜台展示、技术或者销售环节培训、通过能力测试和领导跟踪战略等方面。利用功能折扣奖励制造商是希望其产品和项目获得成功的活动和努力。

> **思考要点**
>
> 区域经销经理在把项目销售给经销商方面做得怎么样？
> - 我们对经销关系的每一个层面都关注到了吗？
> - 理解我们不是卖一个具体产品而是为了赚取利润吗？
> - 基于经销商的市场开发能力，我们肯定并奖励他们了吗？

选取产品拥护者或者产品线专家

为什么制造商应该发展产品拥护者或者产品线专家战略呢？原因很简单：制造商不能说服经销商的每一个雇员，从负责人到仓库管理人员认同其产品线的价值。制造商需要在一个经销商内部人员中充当主要联系人和销售业务专家。制造商通过其区域销售经理选择一个产品拥护者，使制造商与经销商紧密地联结起来，并使经销商集中关注制造商的产品。

谁应该成为你的产品拥护者？制造商希望的是在经销关系中最有影响力的人，他们可能是最好的销售员，已经效力于一个主要的产品线了。制造商最好选择经销商中新的销售人员，他们目前可能表现普通，但已经表现出很多成功销售人员的潜质。区域销售经理可以依据共事的频繁程度、相处时的默契度，非正式地选择经销商方面的一个销售人员作为制造商的产品线专家。

区域销售经理和经销商销售人员之间的合作，对产品线专家概念的成功至关重要。区域销售经理应该喜欢与一个专门的经销商销售人员的工作关系，而经销商的销售人员也应该喜欢、欣赏并尊重区域业务经理。他应该也欣赏区域销售经理的产品知识和销售技能。双方的合作可能成为一个产品拥护者或者产品线专家的形式，并在项目中慢慢正式化，最终成为经销商合同的一部分。当运用"产品拥护者"的概念时，不要忽略经销商组织内重要的所有者、销售管理者或者其他有影响力的人。

区域销售经理如何赢得一个潜在的产品拥护者的尊敬呢？大多数销售人员常用一条简单的标准来评价其他的销售人员："他们在业务拜访上的表现如何？"

因此，赢得尊敬的第一步是证明自己具有良好的产品和市场知识、销售技巧和销售成绩。当潜在的产品拥护者发现区域销售经理能够执行有效的专家式业务拜访，他会想向区域销售经理学习更多有关业务操作的经验。

对产品拥护者来说，这样做又有什么好处呢？经销商销售人员会不断寻找改善的途径。他们的初始收益是获得知识和技能。他们最后也会成为教练、顾问和个人销售经理。最终，他们将获得加薪和个人的职业成长。

随着区域销售经理和产品拥护者接触，并且区域销售经理获得尊敬和信用之后，对产品拥护者的培训辅导活动也如期展开。一旦关系启动，目标和期望建立，双方准备好开始更正式的培训。

最初，区域销售经理必须每月用两天来培训产品线专家或产品拥护者。6个月后，频率可以降低到一个月一次，同时增加通过电子邮件和电话沟通。培训显然需要大量的工作，因此一个区域销售经理每年要开发 2~3 个产品拥护者。

区域销售经理应该什么时候期望从一个产品拥护者或产品线专家那里获得销售业绩？试图努力成功的销售人员并没有一条平缓的成长曲线。进取心和努力工作可能会产生跳跃式的成长曲线。在一个一致性的方法开发出来之前，销售的成功与失败就是评判的标准。不稳定的业绩表示，区域销售经理还需要投注心力继续培训。最差的情况是增长缓慢。这样一幅销售业绩图表说明拥护者不打算冒险突破，这样的人不太可能成为成功的产品拥护者或者产品线专家。

产品拥护者的作用是什么？他们主要的角色包括以下几点：

- 作为与区域销售经理进行沟通和反馈的主要联系人员。
- 维持对于制造商的产品线全方位的销售、技术、市场和工艺知识。
- 协助其他的业务团队对成员销售制造商的产品。

- 视需要而协助客户服务和柜台人员。
- 在涉及制造商产品线的所有事件的经销关系中起到领导作用。
- 在成功地执行产品拥护者或者专家角色之后,接受特殊的肯定和激励。
- 协助区域销售经理协调、开设培训课程、邮件、促销及其他重要的关键事务。

表 11-2 是某公司产品线专家的工作说明。

表 11-2 企业范例:产品线专家的主要工作说明

A. **市场计划**
   1. 提交年度市场计划
      (市场计划包括竞争分析、目前销售和财务绩效)

B. **市场开发**
   1. 在指定地区的业务领域内,依据不同的细分找出交易者
   2. 识别适合进行直接销售的最终用户
   3. 监控和支持销售的各项业务活动

C. **库存管理**
   1. 与采购和部门经理联系,设置所有设备和部件的库存水平
   2. 开发在部门之间的有效交付系统,来平衡特定区域的库存
   3. 与采购部门联合,维持分支机构所在地的库存平衡

D. **产品与促销**
   1. 计划预算和提交审核,与地区销售经理一起根据产品规划广告、展示活动、服务和销售会议以及促销活动
   2. 实施经过批准的广告和促销计划
   3. 监控计划结果

E. **培训**
   1. 与区域销售经理协作处理日程、促销以及销售培训会议
   2. 与区域销售经理协作处理经销商的培训大会

（续）

    3. 培训所有的经销分支机构人员，使其了解公司在保修、产品应用功能特点和礼仪等方面的政策

F. 价格策略

    1. 确定价格政策、数量折扣和补贴

    2. 实施并加强价格策略

    3. 进行必要的监控与调整

    4. 跟踪利润贡献情况

G. 对关键客户的工作安排

    1. 找出在特定业务区域内具有大量购买潜力的关键客户

    2. 指定特别规划，以满足关键客户的要求

    3. 监控并跟踪实际销售业绩以及潜在的业绩

H. 绩效衡量

    1. 销售量与预测值

    2. 业绩指数改进或市场份额获得的提升

    3. 毛利润率

    4. 每年产生的毛利（美元）与日均库存平均值

    5. GMROII（按月度库存平均的年度毛利）

思考要点

谁是我们在经销层面的产品拥护者？

▶ 我应该如何培训他们并识别他们的努力？

▶ 我是否已经开发出了一份关于他们主要功能的书面文档？

培训你的产品线专家

区域销售经理会对产品线专家或拥护者培训一系列的必要技能，以提高他们在销售、促销和库存方面的专家角色。产品拥护者应该具有的最重要技能是销售

能力。销售任务可以分解成可观察的行为部分，如此一来，清晰的绩效期望就可以被设定，行为就可以被观察、分析并在培训过程中进行调整。

销售工作的主要元素是产品和市场知识、销售技能、时间和区域划分、客户优先顺序和客户经营战略。在这些销售工作中，有一些是经销商来执行的。制造商的区域销售经理主要是在产品、市场和应用知识及销售技能方面有所贡献。

销售技能是培训方面特别困难的一个领域，因为它很难再被分解成为细微的部分，而又允许个体风格的差异。然而，销售技能的标准必须在培训开始之前就被建立起来。大多数销售培训教练认同企业对企业的销售技能可以围绕着购买过程的四个步骤来开展，它们分别是建立与销售人员的关系；确定购买的动机；评估相关的选择；决定最好的产品或解决方案，如表 11-3 所示。各种文献对这四个阶段的定义没有太多分歧，主要的分歧在于销售人员应该如何处理购买步骤的这四个阶段。

在购买流程的每一步销售行为建立清晰的期望，是销售培训开始的关键。经销商的销售人员具有在购买流程中具有独特的挑战和销售技巧的执行。以下是对这些挑战以及制造商用以帮助经销商销售人员变得更加有效率的主题的讨论。

表 11-3　客户购买流程

关系：判断销售人员及其组织的相关性、竞争、信任、接受和准备。对购买决策的作用：50%
动机：目标、改善或者紧急问题、高优先级、清晰、基础和公平。对购买决策的作用：35%
评估：为流程、人员和分类收集信息作出评估。对购买决策的作用：10%
决策：一致同意并在承诺之前最终关注。对购买决策的作用：5%
购买阶段　　　销售人员需要的技能
1. 关系　　　对个人和相关材料的准备 　　　　　　陈述拜访的目的和流程

（续）

2. 动机	提问	
	倾听	
	归纳客户的关键优先级	
3. 评估	客户为导向的销售信息	
	符合客户利益，让客户参与以及明确的具体介绍	
4. 决策	达成共识	
	处理反对意见	
	获得客户的购买承诺	

建立关系

在购买流程的关系阶段，经销商的销售人员会遇到一个特别的挑战，与制造商的销售人员相比，他们每天要打很多电话。结果，他们很少有时间对每次的业务拜访做特别的准备，业务拜访变得常规化和例行公事。与现存客户的互动基本上是"商品用得怎么样？""你今天还需要点什么？"

大多数经销商的业务拜访都是针对现有客户，双方的关系原本就已建立。于是对销售人员而言，挑战在于要在每次拜访时推介新的观念或者利益给客户。给一次销售拜访找一个有利益的理由需要投入时间，深入调查并且发挥创造性。许多制造商现在已经与经销商合作，共同开发一系列有效的且具利益考虑的业务拜访理由。表11-4就是某公司帮助其经销商建立的利益清单，可在拜访现有客户时运用。

表11-4　公司给现存客户电话的利益理由

注：本范例是经销商拜访一个双层渠道中的交易者

你业务的80%～90%来自已有的客户。你的竞争者将视你的客户为潜在的新客户。因此，你可以假设竞争者会逐步抢夺你的客户。

除非你有一个清晰的目标，维持客户拜访可能是最困难的。维持客户拜访应该能加强你们关系的价值。可以清楚地阐明利益目标作为客户拜访的开始。在进一步之前，询

（续）

问你的客户是否还有其他的事项想要讨论。以下是拜访目的和开始陈述的例子

名单

我要为您提供一个准客户的信息。我相信这个客户会多租两台机器

产品改进

我为你准备了有关新的 X500 的文档和价格清单。X500 将会为你开启建设领域新的市场。你最近如何经常填写这类产品的需求

文档更新

我们的产品手册和售后保证书已经有了几项重要的更新。今天我来就是为了更新你的文档，删除过时文档，确保你的所有销售人员都理解这些改变

市场知识

因为我们地区恶劣的用水条件，会有相当比例的用户对供水进行预处理。我相信这些地方有机会增加销售滤水器的机会。我想讨论对您的销售人员在用水问题和过滤方案方面的培训事项

成功的故事

我们的一些经销商一年前开始一项租赁业务，现在每月都能获得 10 万美元的利润。我相信你们公司有类似的机会。目前贵公司是如何应对需求的

产品特性

我想跟你谈一下关于新型控制面板的问题，这些产品可以帮助您的客户利用更多的电子产品。相信我们能通过这些独特的产品为您增加销售业绩

错失的机会

我已得知贵公司在安装和支持服务上的销售并不多。我担心你们的销售人员可能丢失了非常有利的市场份额

存货水平

我乐于讨论一下我们的保障库存项目。在什么样的情况下，立即提供产品能力才是核心竞争优势呢

（续）

业务拜访的协助

经销商有时会要求我们帮助其处理在应用我们的产品时特殊的或不平常的状况，或仅仅是帮助完成一项很困难的销售。让我们看一下你即将开始的拜访，看我们是否能够对你的销售团队在处理类似情形时有所帮助

即将来临的服务培训课程

对于参加我们服务培训课程的技术员进行追踪，发现他们的生产效率和产能都有了明显的提升。我们每年都会赞助在这些领域的类似培训。我想讨论一下贵公司的哪些服务人员应该参加我们的技术讨论会

项目回顾

在当今市场上，借贷是很困难的。我们已经注意到最近有一些新增的动态租赁应用方案，但贵公司的租借活动还是同以前一样。我想跟您的销售人员谈一下，以使得一个租赁项目能够增加其销售、佣金和利润

促销

我们有一项新的促销。这个项目能增加贵公司的销售业绩，并对您的销售人员提供实实在在的激励

销售培训

我想讨论一下我们从自己的销售培训项目在该领域的一些业务处理者那里获得的经验，以提高生产效率

另外一项经销商销售人员能够改善的技能是开发新客户。经销商通常很少进行新客户的开发拜访，因此没有太多机会进行练习。经销商经常会使用下面问题中的某一个来进行新客户的开发："您从现有供应商那里有什么是不能得到满足的吗？"或者"我如何才能与您合作？"或者"我是否可以针对某个产品提供报价给你们？"这些方法有很大的问题，例如价格问题就是很显然的，并且与现有供应商进行硬碰硬的竞争也是很少能成功的。区域销售经理的培训能帮助经销商，根据其最好的产品或者新的应用，开发"迈入门槛"的战略机遇。

经销商的销售人员经常只是跟买主或采购经理合作，而这些人的职责就是压

低价格。他们需要在客户组织内建立更高层次的关系，只有这样，品质提升或生产力增强带来的利益才更有可能获得实现。

区域销售经理可以参与多种类型的销售拜访，来帮助产品拥护者加强与客户之间的关系，包括示范性引导拜访、联合拜访或培训式拜访。在示范性引导拜访过程中，区域销售经理会示范期望产品拥护者要表现的行为；培训活动通常从这里开始，因为观察是学习过程的一个良好开端。这一方法也会增加区域销售经理的信用及信任度，并且展现出区域销售经理愿意代表产品拥护者承担风险。

联合拜访通常用于"A"级客户上，以实现最优的销售业绩，因为这种方法融合了双方最优的品质。培训式拜访通常是最后一种被运用的客户拜访类型。这种拜访需要产品拥护者一方有很大的信任，和接受反馈意见的开放心胸才行。产品拥护者主导整个拜访过程，区域销售经理则在一旁观察。拜访过程结束后，区域销售经理给出正面的、建设性的反馈以及改善的建议。能够接受个人辅导，是销售人员发展成长过程中所能拥有的最有价值的经验之一。

动机

购买过程的第二阶段是动机。多年来动机一直被认为是"发现客户需求"。但是在一个过度供给并且竞争激烈的经济中，几乎没有未被满足的客户需求。因此，更富有成效的做法是通过寻找客户的目标或优先顺序，来找出驱动一个购买循环的动机。询问问题、倾听和归纳总结，是在识别客户目标、进一步的改善、优先顺序或问题时主要运用的销售技巧。对于大多数经销商销售人员而言，提出问题都是一个薄弱环节，因为他们一直被教导的是对操作产品进行示范，并且争取到订单。但是，这种老派销售方法正日渐式微，使用这种销售方法的经销商也要落伍了。

对经销商来说，一个重要的转变是对咨询式销售技巧的掌握。制造商对经销商的销售人员进行培训，使其问出更好的问题。表11-5所示的问卷样例列出了针对不同销售拜访情景的一些问题。制造商还培训经销商的销售人员去提问更多的问题，并且教他们根据市场细分、销售周期的阶段或正在商讨的产品和服务等不同，采取不同的询问问题策略。

表 11-5 公司（甲）：首次拜访承包商时的问题列表（改编）

公司（甲）：首次拜访承包商的问题列表（改编）

1. 我可以向您询问几个商业方面的问题吗？
2. 您是如何开始成为承包商的？
3. 您从事这一行业多久了？
4. 您的客户基础在商业、工业和家庭用户之间是如何构成的？
5. 我们是否可以一边交谈，一边参观您的工厂？
6. 您的目标顾客是什么类型的客户？
7. 贵企业最知名的是什么？
8. 您的业务覆盖了哪些地区？
9. 您拥有多少辆提供服务的卡车？
10. 现今您面临的最大的商业挑战是什么？
11. 您如何让服务技术保持最新的状态？
12. 什么类型的工作给您造成的麻烦最大？
13. 您是如何平衡库存成本与缺货问题的？
14. 在选择新的供应商时，您会注意些什么？

公司（乙）：由承包商部分所开发出的问题

设备交易商

企业名称：＿＿＿＿＿＿＿＿＿＿＿＿＿＿＿＿＿＿

地址：＿＿＿＿＿＿＿＿＿＿＿＿＿＿＿＿＿＿＿＿

电话：＿＿＿＿＿＿＿＿＿＿＿＿＿＿＿＿＿＿＿＿

联系人姓名：＿＿＿＿＿＿＿＿＿＿＿＿＿＿＿＿

1. 您的业务覆盖领域有哪些？
2. 您主要集中在什么细分市场上？
3. 您的销售团队最擅长的竞争优势是什么？
4. 他们是如何分工的？依据客户、地域、市场还是其他因素？

（续）

服务交易商 企业名称：_____ 地址：_____ 电话：_____ 联系人姓名：_____ 1. 您服务于哪些区域？ 2. 您有多少服务人员？多少辆运货卡车？ 3. 您大部分工作主要是服务于哪种类型的客户？ 4. 您获取新业务最有效的途径是什么？ 针对产品或服务功能的问题： 1. 您需要什么样的设备、制造商、模型尺寸和零件的序号？ 2. 您最快什么时间需要这些？ 3. 这些设备出现故障的原因是什么？ 4. 那些零件用多久了？ 5. 您有没有记录这个零件的检查、维修和更换情况？ 6. 您需要其他相关的零件吗？ 7. 我们需要在这份订单中加入其他商品库存或零件吗？

第二种提问的技巧常被用于与既有客户的交流。开发针对既有客户的问题有一定的难度，因为有关他们的信息已经知道的很多了。因此，所提的问题必须要更明确且集中在有变化的方面。表 11-6 所展示的是经销商用于向既有客户询问问题的一些范例。聪明地问问题是设计来发现客户的动机和优先顺序，这也是决定动机的第一步。

表 11-6 针对既有客户的问卷

标准开放式问题 1. 常规问候：

（续）

- ▶ "业务怎么样？"
- ▶ "你好吗？"
- ▶ "看起来业务有点儿起色，哪种类型的工作最有进展？"

2. 今日来拜访的利益性原因：
   - ▶ "我们有几种新的工艺和产品，能帮助您创建'室内空气质量（IAQ）问题'的服务业务。我想跟您谈一下这些工艺和产品，看您是否认为这些能帮助您更好地为一些重要客户提供服务？"

3. 今日会议触及对方的一些议题：
   - ▶ "在我们讨论新的 IAQ 计划之前，您今天想讨论的内容方面有没有什么变动？"

4. 从你上次拜访的议题或持续进行的业务方面的议题继续：
   - ▶ "上次我们见面时，您问到我们新的产品线。今天我随身带来两份样品给您。"

为客户量身定制的面谈中的问题

5. 这次会议带来的利益方面原因的讨论：
   - ▶ "我们新的 IAQ 计划和产品能帮助您为客户提供更好的服务。"

6. 特别客户利益的讨论：
   - ▶ "我一直在研究贵公司的零件订单、数量以及库存。我认为可以把您加入我们每周的电子资料交换（EDI）订购系统以节省资金，并且有计划地降低您的订单及库存成本。"

7. 询问绩效方面的问题：
   - ▶ "我们的目标是要给您提供卓越的服务、支持、培训以及高品质的产品。"
   - ▶ "跟您其他的最佳供应商比较而言，我们表现得怎么样？"
   - ▶ "我们有什么地方做得不好？"
   - ▶ "我们有哪些方面可以进一步改进？"

8. 询问变化方面的问题：
   - ▶ "您的业务构成有没有发生什么变化？"
   - ▶ "当前什么产品是卖得最好的？为什么？"

（续）

> ▸ "您是否正聚焦于开发新的客户或新类型的业务？"
>
> ▸ "贵公司最近在人事方面有什么变化吗？"
>
> 9. 询问现有的信息、支持、培训以及产品方面的需求：
>
>   ▸ "贵公司是否有任何技术人员需要接受培训？"
>
>   ▸ "有什么产品是今天需要确定订购的吗？其中有没有哪一项是需要特别处理的或超常规快速送货的？"
>
>   ▸ "您有正在使用的产品手册吗？"
>
>   ▸ "有没有什么议题我们应该讨论而没有涉及的？"
>
>   ▸ "我在这儿期间是否还需要跟其他什么人谈一谈？"
>
> **标准的结束式问题**
>
> 10. 这次拜访的总结和下一步的行动：
>
>   ▸ "明天我会把 IAQ 录像给您送来，这周结束前会给您打电话，提供三个 IAQ 培训课程的时间供您选择。我会尽快处理您的订单。还有什么其他的事情需要讨论吗？"
>
> 11. 安排你的下一次会议：
>
>   ▸ "我会在两周后的星期四回来，也就是 27 日上午 9 点，继续进行 IAQ 服务培训，并确认您是否已经拿到开始进行 IAQ 拜访所需要的设备。那个时间您方便吗？"

注：根据分销培训材料改编。

销售人员在询问了一些发现购买动机的有关问题之后，还必须倾听客户的答案。对于许多经销商销售人员而言，倾听是一项有待发展的销售技能，因为他们过去进行的客户拜访都很简短，他们很少有时间去真正倾听。经销商的销售人员应该牢记有关倾听的四条原则：

1. 任何一次拜访中都应该至少花 50% 的时间来倾听。
2. 积极主动地听，并作记录。
3. 有选择地听，并加强重要的客户动机。

4. 整理客户最高购买优先级，并让他确认购买的优先顺序。

看看以下这个对客户动机的例子进行的整理：

> 让我总结一下。您希望制冰机能够安放在厨房内这 0.7 米的空间内，性能要比前一台机器更可靠，每天至少能生产 450 公斤的冰，即使在夏天也能达到这一生产水平。这些就是您对新制冰机最重视的要求吗？

如果你听得很仔细，并能询问正确的问题，客户就能确认你的总结，或加以纠正。无论是哪一种情况，客户都会感觉他的需求被真正地了解，而这种感受对于销售的成功是非常重要的。需要着重指出的是，80%～85% 的购买流程和产品偏好是在这一阶段形成的。

评估

购买流程的第三阶段是对几个可供选择的解决方案进行"评估"。在这一阶段，客户关注可供选择的方案，收集最后的信息，逐步形成清楚的产品偏好。培训销售人员进行有效并且聚焦的销售推介需要方法，这种方法必须要能成功地通过下游渠道成员传递到最终用户那里。经销商的销售推介是简短的，因此需要快速"切入主题"。销售介绍应该只包括几个关键要点，概括反映出客户的重要动机。

在介绍你的卖点时，记住要运用"BIV"流程，即一开始先介绍产品的"利益"（benefit），随后让客户"参与"（involve）到介绍中，最后让销售的卖点"可见"（visible）。客户必须要看到其中的差异才会相信销售人员的说法。

举例来说，Penda 公司通过批发商销售卡车基座衬垫，批发商再卖给零售商，零售商最后将其卖给卡车车主。Penda 公司的 Skid Resistor 品牌优质基座衬垫的卖点是避免卡车装载的货物滑落。这个无形的卖点很难让经销商或者零售商向卡车车主清晰明白地表述出来。为了让经销商能够遵循"BIV"销售模式，Penda 公司在一块倾斜 30 度的板子上放置了两小块基座衬垫，其中一块是自己的产品，另一块是竞争对手的，并在展示台上摆了一个油漆罐。客户被要求将这个油漆罐分别放在这两块基座衬垫上。油漆罐会从竞争者的基座衬垫上滑落，却能粘在 Penda 公司的 Skid Resistor 基座衬垫上。这个简单可见的证明让客户参与其中，并清楚地体现出了产品的优点。在任何时候，制造商都可以创造这样一种有效的销售卖点辅助工具，以此在渠道中建立信念，并通过渠道进行终端销售。

另外，价格调整方面也是制造商可以帮助经销商改善产品介绍的一种途径。不是坐等价格压力，制造商主动鼓励经销商通过向客户证明产品的品质，来易守为攻，稳住所定的价格。

哈雷摩托车（Harley-Davidson）的销售人员提供了一个在销售介绍中调整价格的很好的例子。他们的主张非常简单、直接且有力。他们告诉客户，你可以花 10 000 美元购买其他牌子的摩托车，骑 5 年，然后卖 5 000 美元。所以拥有这样一辆普通摩托车的年度成本是 1 000 美元。你也可以选择花 15 000 美元购买一辆哈雷摩托车，并在 5 年内以 15 000 美元卖掉，这样的年度拥有成本是 0 美元。这样一来，要问客户的一个明显的问题是，"哪一个价值更高：每年 1 000 美元还是 0 美元？"

为了维持价格的完整性，制造商必须向经销商提供一个价格定位的故事情节，这个故事要有说服力并且还要容易讲。想让他们的故事被传讲的经销商必须要让这个故事具体形象、有趣、对客户有利，并让客户参与其中。

决定

购买流程的最后一个阶段涉及做出最终购买决策，并承诺采取一些行动。购买者通常会感到某种程度的焦虑，表现出一些顾虑或异议。有经验的销售人员会接受、倾听、探询，并随后提供相关信息，来消除客户的顾虑。缺乏经验的销售人员会将异议视为绊脚石，并试图立即反驳来解决问题。

区域销售经理在辅导产品拥护者时，可以通过先示范正确的行为，再教他们如何去做。一旦消除异议，获得一致同意，剩下来的所有问题就只是请客户下订单了。大多数经销商销售人员都会很自然地要求客户下订单，因此这通常不会成为大的障碍，不需要特别培训。

一旦买卖双方的所有方面都已详细地讨论了,区域销售经理应该创建一份关于销售技巧的期望列表。表 11-7 展示的范例是以销售拜访评估表单的形式呈现出来的一份详细的销售技巧期望列表。在区域销售经理和产品拥护者回顾销售拜访时,他们就可以有共同语言和共同的认知来指导讨论。建立清楚的期望是进行有效辅导的前提条件。这之后,区域销售经理培训教练要观察销售拜访,讨论应该提高的销售技巧,并与产品拥护者或专家一起进行改变与修正。

除了销售技巧之外,区域销售经理还会教给产品线专家一些关于库存管理、促销开发、广告以及销售引导产生计划的知识,并解释合作性广告资金的使用问题。区域销售经理必须对产品线专家进行政策、保证、退货以及技术支持流程等方面进行教育。产品拥护者要负责更新产品手册,并保持制造商与所有经销商人员之间的信息畅通。必须记住,区域销售经理是在经销商关系中创造一个鼓舞人心的领导者角色。产品拥护者所表现出来的热忱、尊敬及可信任,将是实施制造商销售计划的最重要元素。

表 11-7 销售拜访评估表

行动	差	一般	好	很好	备注
关系					
1. 个人及有关材料的准备	1	2	3	4	
2. 第一印象,清楚地表述拜访目的	1	2	3	4	
动机					
3. 对目标、需求、优先顺序、决策制定者、标准	1	2	3	4	
和流程提出问题	1	2	3	4	
4. 倾听重要概念,超过 50% 以上的时间用于倾听					
5. 总结最重要的前三项动机	1	2	3	4	
评估					
6. 只传递以客户为主导的信息	1	2	3	4	
7. "BIV"模式的应用	1	2	3	4	
决定					
8. 达成一致意见	1	2	3	4	
9. 处理异议,解决其他顾虑	1	2	3	4	
10. 获得对特定行动的承诺	1	2	3	4	

> **思考要点**
> 我在辅导我的产品拥护者方面做得有多好?
> ▶ 我制定出对销售技巧的清楚的期望了吗?
> ▶ 我的公司是否提供了销售工具,以方便运用"BIV"模式展现我们的产品优势?

经销商的销售培训

销售培训的第一步是说服经销人员认同销售培训是值得付出时间和精力的。这个可是不容易的。经销商老板需要被说服,认同培训将会带来更大的利润、收益和效能。销售经理需要知道,培训将会提高销售业绩、销售技巧以及客户与员工的接触率。销售团队需要知道,培训能增加他们的报酬,使得工作更为有趣,并能使他们的工作更容易。这是一个多方面的复杂销售,而产品是无形的。

如果区域销售经理能够"销售"培训,也说明他有很好的销售技巧,也说明经销商与其制造商伙伴有合作的意愿。下面包括了一些优秀的区域销售经理的建议,让经销商更容易接受销售培训的概念。

1. 把培训的目标置于经销商的事业目标之上。区域销售经理不应该只是把培训局限在制造商产品的特征和利益上。
2. 将培训与最困难的销售情形联系起来,比如处理价格上的异议、销售的独特性或差异化的优势。
3. 销售一个一年期的培训计划;不要一次销售一部分培训计划。当销售一份年度培训计划时,要保持灵活性,以能符合经销商的时间要求,培训要简短、频繁,不要搞成少数几次长时间的培训。
4. 在培训中建立激励因素,这样经销商就知道培训成果会被追踪,这样激励也能够达成。
5. 建立起一系列小的成功。很少有培训计划在被提供的第一年就会有全部人员参与。培训计划通常需要花费几年时间才能被接受,甚至受到欢迎。建立培训计划可信度的最好途径之一是利用参加过培训并获得成功的学员的现身说法。

6. 邀请在经销商销售人员中有信任度的销售培训师。

对经销商的销售人员而言，什么类型的培训会议才最有价值并且最具有激励性呢？简短、信息量大且频繁的培训效果最好。经销商的销售人员非常忙碌，能够用于培训的时间有限，每次培训会应该只聚焦于一个或两个议题即可。

把培训变得有趣一些。让销售人员参与其中；组织一些积极的练习、小组活动，备有茶点，建立令人愉悦的学习氛围。让培训与他们日常和客户之间的互动有相关性。要培训每一位与顾客有接触的人员，包括柜台人员和内部销售人员。表11-8提供的范例描述了柜台和内部销售人员应该从产品培训中获取到的信息类型。

表 11-8　对柜台和内部销售人员的产品培训

培训后要向柜台和内部销售人员询问的一些问题
产品分析
1. 产品线名称：＿＿＿＿＿＿＿＿＿＿＿＿＿＿＿＿＿＿＿＿＿＿＿＿＿＿＿ 　　是什么？＿＿＿＿＿＿＿＿＿＿＿＿＿＿＿＿＿＿＿＿＿＿＿＿＿＿＿＿＿ 　　有什么功能？＿＿＿＿＿＿＿＿＿＿＿＿＿＿＿＿＿＿＿＿＿＿＿＿＿＿＿ 　　产品线的范围规模：＿＿＿＿＿＿＿＿＿＿＿＿＿＿＿＿＿＿＿＿＿＿＿＿ 　　是如何符合这一系统的？＿＿＿＿＿＿＿＿＿＿＿＿＿＿＿＿＿＿＿＿＿＿ 　　你如何确定其尺寸？＿＿＿＿＿＿＿＿＿＿＿＿＿＿＿＿＿＿＿＿＿＿＿＿ 2. 了解客户需求的三个问题： 　　＿＿＿＿＿＿＿＿＿＿＿＿＿＿＿＿＿＿＿＿＿＿＿＿＿＿＿＿＿＿＿＿＿ 　　＿＿＿＿＿＿＿＿＿＿＿＿＿＿＿＿＿＿＿＿＿＿＿＿＿＿＿＿＿＿＿＿＿ 　　＿＿＿＿＿＿＿＿＿＿＿＿＿＿＿＿＿＿＿＿＿＿＿＿＿＿＿＿＿＿＿＿＿ 3. 用"特征"和"利益"的形式呈现三个关键的销售点：（特征是具体形式上的，利益是对客户真正有用的东西）

（续）

4. 你如何让客户参与到这项产品中？

5. 你如何让产品对客户而言更具体，可见度更高？

6. 合理的相关业务项目

7. 最大的竞争者

　　名称：　　　　　　　　　　主要卖点：

销售表单

产品名称：

问题：

主要卖点：

"BIV"销售辅助工具

（续）

反对意见及处理方式：

_____ _____

_____ _____

_____ _____

_____

其他说明：

_____

_____

培训要尽可能地简单。议程要简短，并且要集中主要的议题。如果培训脱离了任务主题，就会违背培训的中心要旨。让培训积极并且充满能量。针对特定的市场细分和客户类型进行培训，肯定销售人员从上一次培训之后在市场上获得的成功。最后，在任何一次培训会议结束之前，总是要问自己："我希望看到大家因为这次培训而发生哪些行为上的改变？"如果你能清楚地回答这个问题，就有机会开发出一套有效的培训计划。

培训评估

区域销售经理需要对他们的培训会议进行评估，下面的要点有助于评估工作：

- 我是否有一份书面的会议目的和议程？
- 培训有趣吗？
- 培训简短吗？信息量大吗？
- 我是否在角色扮演中结合了销售信息和销售技巧？
- 与他们的问题有相关性吗？
- 有大量的参与吗？
- 被要求的行为改变表述清楚并且完成了吗？

制造商总是在寻找改善培训会议的方法。表 11-9 提供的评估表模板中给出了行动导向的反馈，征求将来的培训以及发现潜在的培训的建议。与来自培训的反馈最相关的，或许是参加下一次培训会议的人员的多寡。

表 11-9　评价你的销售培训会议

项目名称：_____　　日期：_____

1. 这次培训会上，对你最重要的部分是什么？
   _____

2. 哪一部分对你的帮助很少或者没有价值？
   _____

3. 基于这次培训，你会做哪些改变？
   _____

4. 在未来的培训中你希望增加什么样的主题？
   _____

5. 你会把这次培训推荐给其他人吗？为什么？
   _____

姓名

（可填，可不填）

行动	差	一般	好	很好	改进的建议
1. 清楚地写出来的目标和议程	1	2	3	4	
2. 有趣	1	2	3	4	
3. 简短	1	2	3	4	
4. 产品特征与客户利益相连	1	2	3	4	
5. 与他们的销售情形相关	1	2	3	4	
6. 参与	1	2	3	4	
7. 角色扮演和测试过的期望达成的行为改变	1	2	3	4	

注：要检查培训是否需要重新进行，在三个月内进行测试及角色扮演。

不是所有的区域销售经理都可以做好培训师。许多制造商已经开始将培训外包给专业人员，因此经销商可以体验到高质量、有效率的培训会议。

培训激励可以设置对培训的奖励，以鼓励参加者参与培训。举例来说，一些制造商允许培训费用作为合作性支出。即，培训费用的50%由制造商承担，另外50%由经销商承担。对经销商培训的进一步激励可以基于后期培训的销售绩效。例如，如果一家经销商的销售业绩在培训后一个季度增长超过了10%，那么经销商培训费用的10%将获得补助。把激励建构在培训后销售绩效上的理念，确保了培训效果，激励培训士气，也可作为绩效奖励。

作为对你的培训计划的最后测验，应该请你的经销商列出产品线最主要的三个卖点。把他们的答案与你的最初信息进行比较，如果两者不同，则表明你的信息并没有清晰地传递到市场上。培训需要清楚、简单而且频繁重复地进行。

交易商培训

消息在通过经销渠道的传递之后，缺乏一致性是一个普遍的问题。经销商层面的培训未必能全部解决这些问题。许多企业开始进行交易商这一层级的培训，还有少数公司甚至已经开始启动最终用户培训。许多制造商企业已经因为忽视经销商水平，没有进行交易商培训或者最终用户培训，从而失去了很多机会和资源。

约瑟夫•科林在《销售和营销管理》（Sales and Marketing Management）一书中总结了这个概念。他表示，"在你吹嘘自己新的经销渠道时，你的交易商可能会因为竞争而放弃你的公司。想赢回他们的忠诚吗？赶紧专门为他们开个会吧。"[2] 约瑟夫进一步指出，企业必须"举行强调教育和认知的会议"。他还进一步指出，公司需要举办一个强调教育以及培训成果的会议。培训消息应该传达到整个渠道以确保消息到达最重要的层级，即最终用户的决策制定者。

思考要点

我们对经销商销售和技术人员进行培训的时间间隔是多久？
▶ 他们渴望参与吗？
▶ 我们如何测量培训效果？

运用促销和广告

制造商经常运用的帮助经销商进行产品促销的方法之一，就是合作广告基金（co-op 基金）。合作广告是指分摊式的广告支出预算。图 11-2 是某制造商的典型合作广告项目。

制造商会匹配经销商的预算到某个额度作为基金。这个额度通常设置为前一年销售额的 1%~2%。从制造商的角度看，合作基金让经销商的促销预算翻番，并给予他们对于如何投资的一些控制。合作的款项必须投入有效的或者经过某些程序允许的促销活动上。正常情况下，合作资金必须用于预算年度，逾期失效。表 11-10 显示了合作或者促销基金投资是如何逐月按活动类型进行记录的。

表 11-10 促销储备基金

经销商名称：_____ 区域经理：_____
城市：_____ 国家：_____
促销储备金配置：_____ 购买金额：_____
匹配经销商比例：_____
预算总额：_____

促销活动	1月	2月	3月	4月	5月	6月	7月	8月	9月	10月	11月	12月	总计
电话黄页													
印刷品													
商业展示													
广告													
赠品													
直销													
公开活动													
销售会议													
业务培训													
门票、旅游													
其他													
总计													

制造商通常怀疑经销商是否真正地利用了这些合作基金。为了帮助经销商更高效地利用合作基金，制造商可以做以下两件事情中的一件。他们可以教育经销商关于如何更好地使用投资，或者提供给他们高质量的广告和促销手册，这样一来经销商就可以从中选取最适合当地市场区域的广告手段。这些方法都已经被证明是卓有成效的。

程序	发出日期： 生效日期： 最后修改日期：
促销储备基金项目	

目标：鼓励并协助经销商的促销活动。

范围：该程序定义了促销储备基金项目，并说明了获取合作性基金的流程。所有在一个年度内取得了 10 万美元以上销售额的经销商，都可以申请促销储备基金。

参考资料：

6. 促销计划日程安排

7. 促销储备基金申请表格

8. 促销储备基金账单样本

说明：

2.1　促销储备基金项目

　　2.1.1　确保设备购买额的 1.5% 用于接下来一个年度内的促销

　　2.1.2　在地区销售经理的帮助下，经销商提交年度促销计划和预算

　　2.1.3　经销商确保获得来自广告合作者的对每一项促销活动的提前许可

　　2.1.4　促销储备基金是一个合作性的基金

　　　　2.1.4.1　对经销商在该年度中已被批准的 50% 的促销费用进行补助

　　　　2.1.4.2　申请金额不能超过年度基金

图 11-2　合作计划

> 2.1.4.3 在促销涉及多个供应商的情况下，返还经销商费用的 50%
>
> 2.1.5 经销商在促销活动结束 30 天内提交相关费用的凭证
>
>   2.1.5.1 每年第四季度的申请截止日期是次年的 1 月 31 日
>
>   2.1.5.2 超过 1 月 31 日后收到的前一年度的促销活动费用申请会被拒绝
>
> 2.1.6 该储备基金只可在一个年度中使用
>
>   2.1.6.1 超过 1 月份后，经销商没有使用的部分将全部收回
>
>   2.1.6.2 经销商不能提前提取下一年的储备基金
>
> 2.2 促销储备基金账单
>
>   2.2.1 每年度经销商会收到一份促销储备基金账单，其中包括当年度的基金余额和已经申请的活动计划
>
> 2.3 批准的支出
>
>   2.3.1 批准的电话簿黄页广告
>
>   2.3.2 邮寄给经销商责任区域中的交易商，或者其他类型的客户的费用
>
>   2.3.3 印刷品
>
>   2.3.4 销售促销项目
>
>   2.3.5 商业展示和展览
>
>   2.3.6 为交易商或者销售代表提供的特别促销
>
>   2.3.7 客户或者经销商人员参观工厂
>
>   2.3.8 销售或者服务会议的花费
>
>   2.3.9 当地的新闻报纸、商业杂志、广播或者电视广告
>
> **与广告合作者的其他广告和促销活动**

图 11-2　合作计划（续）

在协助经销商促销时，制造商遇到的第一个问题是经销商缺乏客户目标。经销商经常针对所有的顾客用同样的促销方法。这样的促销违背了基本的广告规则：准确地知晓你谈话的对象和你将从每一个共鸣的目标群体中得到的信息。表 11-11

显示了客户关系的四个阶段,包括:怀疑者、潜在客户、客户和拥护者。每一个客户对象都应该使用不同的沟通方式。面对拥护者的时候,你应该试着增加忠诚度和购买量。在面对潜在客户的时候,你应该争取到第一笔业务。

表 11-12 所示,某制造商通过上述顾客区分来找出承包商的市场区分,这样就可以产生一个含有 16 个方格的表。确认客户属于哪一个区分(例如住宅承包商的拥护者),可以更精确地锁定目标,并使用对此群体最适合的广告信息。

表 11-11　客户发展的不同阶段所代表的消息

顾客阶段	策略	信息
拥护者	加强	老客户优惠,联合促销,库存计划等
客户	支持	积累激励,名单,礼物和奖金
潜在客户	质量	试验项目,测试,保证和其他检验其潜力的问题
怀疑者	初始联系	反馈卡后的销售,推荐,时间,电话和样本,导览等

表 11-12　顾客区分表

	住宅用	商业用	工业用	技术性
拥护者				
顾客				
潜在顾客				
怀疑者				

下一个重要决策是充分利用媒体、频率及时机。当信息出现时,出现的频繁或时间会比信息本身更重要。媒体规划确认之后,便可以决定使用哪些文字及版面的呈现方式。大部分经销商却是以相反的方式来进行促销活动——他们会先开始构思一个信息的文字表达,并设计版面的呈现方式以及内文,接着才返回来决定媒体。这种做法很难将信息传递给目标听众,也很难达到期望的效果。

以下是几个关于促销及广告宣传的想法和建议。第一,一个普通但迎合了目标市场的信息,要好过绝妙但呈现在错误对象面前的信息。第二,多次曝光比一次高影响力的曝光更有说服力。如果你没有多于三次曝光的预算,就别把钱着重花在第一次曝光上。第三，明确自己的目标，这是规划促销活动的第一步。

有些制造商会为经销商统一寻找广告宣传的商家，制作专业的促销规划，最后由经销商选择最符合本地市场状况的促销方案。这种方法对经销商相当有利，因为他们比较适合"选择"而非"创造"一个促销活动。

依照顾客量身定制的促销活动已经越来越普遍，经销商不再像过去一样，总是对所有顾客玩老一套的促销方案，销售人员开始为个别顾客量身定制促销活动。顾客可能比较喜欢组队看球赛、高尔夫球联赛，或是捐款给可信赖的慈善机构等。负责主要客户的业务人员有权利决定这些促销基金的使用。个性化促销能得到认可，主要是因为这可以完全因客户组织、价值以及个性而调整，也可以让销售人员了解自己有能力掌握较大额度的促销预算。

思考要点

我们如何帮助经销商改进他们的促销和广告？
▶ 我们如何衡量合作基金的投资回报率？
▶ 我们如何衡量经销商的广告效果？

扮演企业顾问的角色

至少在过去 20 年中，销售人员一直被告知要成为客户的"顾问"。然而，很少有组织会把销售人员培养成为顾问。一名顾问需要具备一套良好定义的技能和态度，这样才能达到实质效果。

首先，销售人员必须帮助客户组织实现其目标，而不仅仅是把制造商的产品卖给他们。其次，一个咨询师必须精通财务知识，同时又是一名熟练的业务计划者和战略者。最后，一名咨询师必须在自己所咨询的行业和业务领域有相当程度的经验。大多数制造企业并不希望自己的销售人员充当真正的咨询师，原因是这并不是他们自己最大的兴趣所在。通常的是，他们所需的技能得不到培训。实际上，工作描述通常主要把销售人员的责任限定于销售额，而非出色的咨询。

因此，区域销售经理应该成为他们所服务的经销商的一名何种类型的业务咨询师呢？他们应该提供行业专业知识和与产品线有关的专家理念以及产品决策。对于制造商而言，这是一个论及他们扮演着经销商咨询师时所真正意味着的更为实际和精准的描述。尽管不是真正的咨询，但这依然是有价值的服务，会加强制造商与经销商的关系，并在产品线方面赢得更大的份额。

本章重点

- ▶ 制造商的区域销售经理必须把经销渠道作为一个全国性的客户看待，它是一个多层面、复杂的销售业务，并有战略性的年度客户计划。
- ▶ 区域销售经理需要在每一个经销商发展拥护者或者产品线专家，这样一来他们就会有一个关键联络点，并且在每一个经销商那里有了富有激情的领导者。
- ▶ 一个区域销售经理的工作需要具备多领域的专业知识：销售、培训、开发产品拥护者、培训、销售帮助、广告和促销、库存管理和对经销商所有者提供咨询。
- ▶ 任何制造商可以使其产品更具优势，参与度和可见度更高，这都会提升销售点的销售成果，增加经销商的成功机会。

注释

1. Two good books on the topic of consultative selling are Neil Rackham, *Spin Selling* (McGraw-Hill, 1988), and Thomas Freese, *The Secrets of Question-Based Selling* (Sourcebooks Trade, 2002).
2. Joseph Conlin, "The Art of the Dealer Meeting," *Sales & Marketing Management*, February 1997, pp. 77-81.

第 12 章
The Manager's Guide to Distribution Channels

绩效监控与规划调整

渠道设计的最后一步是进行绩效监控，并且采取纠正措施，如图 12-1 所示的渠道设计的阶段七。在本章中，主要讨论一些经销商进行绩效监控以及如何进行适当调整的基本方法。

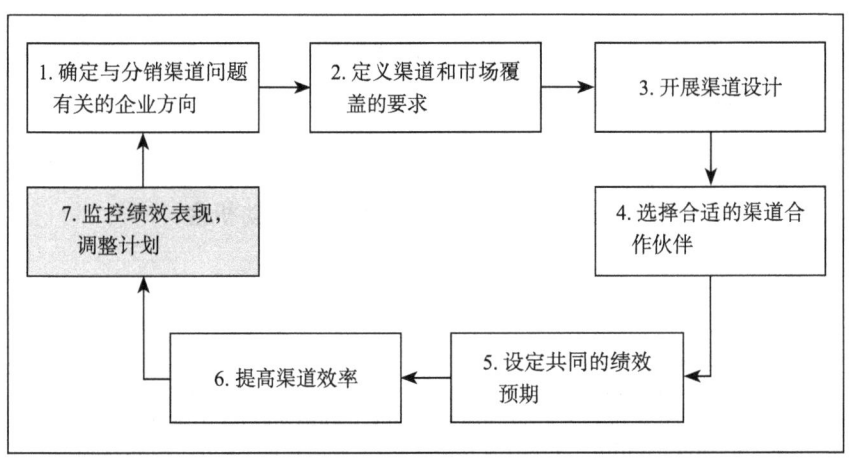

图 12-1　渠道重构的第七阶段

绩效监控

监控经销商的绩效有三种方法：监控销售业绩，监控销售活动和监控计划变更的执行情况。这三种方法中的每一种都各具优劣，只有综合了三种方法的某些典型组合才能取得最佳效果。

销售业绩监控

通过监控销售业绩来监控经销商绩效是常用而且准确的方法，销售业绩常常表现为采购量和直运订单数。用销售业绩监控经销商业绩存在着时间差问题。销售业绩要在销售之后一段时间才会呈现出来，结果往往是进行分析时为时已晚，以致无法做出及时的调整措施。制造商通过监控比较经销商的渗透指数，与其他经销商和渠道成员的销售业绩进行对比。

制造商也监控其他可以量化的经销商绩效指标，如存货水平、询价单数、每日客户服务电话呼叫数、保修登记量、经销商赞助的培训课程数、合作广告费用以及业务拜访量等。这些业绩数据可以按周测量，也可以按月、按季度进行。这些通常都是比较良好的从总体衡量经销商销售活动水平的一般性指标。[1]

业务活动监控

监控经销商的第二种途径是让区域销售经理负责监控市场上经销活动的质量和数量。活动、行动或事件的主观性远远大于销售业绩，常常很难定量化。监控活动的最大优点在于及时和可调整。

可以被监控的一些潜在活动，包括加强产品拥护者的素质、业务拜访的质量、技术支持人员的素质、对区域销售经理的求助次数、经销商回复电话的速度、经销商安排培训课程的难易程度、培训课程的频率以及参加人数。区域销售经理也会跟合作促销项目有直接关系，并能更有效地判断经销商运用合作经费的重点和效果。

区域销售经理可对展示自己制造商的产品的业务拜访质量和数量进行观察，并做出判断。这些监控可以通过与经销商的销售人员之间的销售电话进行，注意电话的类型、被电话访问的客户类型、客户联系人的级别和职位、与顾客的关系以及被接纳的情况以及销售电话的效果。

或许最有意义的监控事件是跟踪经销商的销售冠军的业务拜访。这些业务拜访的质量是制造商目标实现的关键变量。区域销售经理还可与柜员、客服、在站或出站的电话营销人员进行交谈，判断他们推荐制造商产品时的自主性。

经销商喜欢销售那些让他们感觉最舒心的产品，在推荐的时候也更有信心。经销中的监控活动为将来可能发生的情况提供了一种感性认识。通过针对经销商对产品线是否充满热情，是积极进取、维持现状还是消极懈怠等方面的判断，区域销售经理可扮演早期预警系统的角色。

监控改变

第三种也是最后一种监控经销商的途径，是判断其是否进行了商业计划中所要求的改变。改变的项目可能是某些事件，诸如增加一位销售人员或客服人员，增加新的地理区域市场，参加培训课程，增加某条特殊产品线的存货，引入新的促销项目比如现场或代销存货。经销商的计划中所要求的运营改变需要专人负责，并有规定的完成时限。对区域销售经理而言，监控那些日期和执行的质量是非常容易的事情。

区域销售经理在监控活动及改变中必须掌握熟练的技巧和判断力。这些事项中，没有一件单独看都不重大，但综合起来看的话，就能描绘出一幅有关经销商的意图、动机和对制造商产品线贡献的合理而清晰的图景。基于这些可用的指标形成的印象，一位富有经验的优秀区域销售经理能准确地预测出销售业绩。

以上所述的监控使得制造商对现行的商业计划进行调整。如果这些调整仅仅基于销售业绩，由于时间的缘故，就会来得太迟，并且对于改变近期的产出也无甚效果。如果区域销售经理的总体印象是尽早进行及时的调整，那么成功的机会将会更大。

思考要点

我们要用什么样的标准来衡量评价经销商绩效？

▶ 我们监控到了什么样的业绩？

▶ 我如何监控经销商的销售活动和业务变化？

▶ 我如何有效地开展修正行动？

关于产品线的绩效检测

检测经销商业绩的另外一种形式是产品线绩效检测,这种方法综合了以上所有的元素。一项产品线检测通常每年进行一次,一般发生于共同的商业计划完成后的 6 个月左右。一项规范的产品线绩效需要双方确定的形式和双向沟通的模式。经销商评价制造商的表现,同时制造商评价经销商的表现。评估的信息应该是相互公开的,并可指导双方修正后续行为。以下几页所列的表格,提供了一份综合的、规范的产品线绩效检测报告格式。

第一部分是对业绩的检测:可分为按市场销售额、按产品销售额、按部门销售额。第二部分计算盈利和投资回报。产品线销售额通过细分市场和主要客户进行详细报告。位于产品线绩效评审表中间最大的一个单元包括几个子模块,比如产品、分销、销售努力、促销、售后服务和退货、服务和培训。

一方评审对方的绩效,并提供评分和评语。绩效评审的最后一部分是识别关心的区域和潜在的改善、绩效提升的行动计划、时间和责任分配。

双方都在评审单上签字,之后制造商代表经销商采取适当的行动,同时经销商代表制造商采取适当的行动。第 10 章中描述的产品线绩效检测和共同的规划流程,为制造商和经销商提供了两种正式的业务分析和修正调整的场合。紧密协作将可以保证成功的实施,并加强双方之间相互许诺的实施。

日期:_____

经销商名称:_____

采购历史资料 (单位:美元)

	产品 X	产品 Y	部分	收入	合计
目前					
一年前					
百分比变化					

绩效的历史资料

绩效指数	产品 X	产品 Y
目前	_____ %	_____ %
一年前	_____ %	_____ %
全国平均	_____ %	_____ %

合作促销活动基金

	分配金额（美元）	申请金额（美元）	百分比（%）
最近一个年度			
上一个年度			

销售信息

销售总额（美元）	
员工总数	
外部业务人员销售额	
内部业务人员销售额	

重要人员

姓名	职位	负责的工作范围
	总裁/负责人	
	会计	
	采购/库存控制	
	销售经理	
	产品拥护者	

主要产品线

_____

_____

_____

按照客户细分的销售额

交易商数量	类型	金额（美元）	占总量百分比（%）
	服务交易商		
	独立承包商		
	设备交易商		
	装配商		
	租赁公司		
	加盟店		
	公共机构		
	政府		

产品线盈利情况 （单位：美元）

	本年度
设备销售额	
零件销售额	
总销售额	
设备销售成本	
零件销售成本	
销售总成本	
月平均设备库存	
月平均零件库存	
月均全部库存	
盈收总额	
GMROII（每年毛利除以每月存货总计）	

产品

满足客户需求（功能）的产品或服务
制造商战略：设计并生产出符合大客户基础的商品，并与目前的经销渠道兼容
关键指标测量	

（续）

4	3	2	1	产品是否满足用户需求
4	3	2	1	产品线的广度
4	3	2	1	产品质量

经销商建议：
_____
_____
_____

经销商战略： 为达到同样的目标，最终用户通过共用交易商渠道提供产品和其他兼容产品

关键指标测量				
4	3	2	1	产品具有兼容性，但不具有竞争性
4	3	2	1	产品只通过交易商销售
4	3	2	1	提供完整的产品线

制造商建议：
_____
_____
_____

经销渠道

产品从制造商到最终用户转移过程中所有的相关活动				
制造商战略： 在所有市场中，24小时内向最终用户按需配送完好无损的产品				
关键指标测量				
4	3	2	1	95%的经销商订单能在48小时内完成库存和运输的过程
4	3	2	1	维持优质服务代表网络，负责设备在全国范围内的配送、安装以及启用
4	3	2	1	提供便利的服务，且无运输损坏

经销商建议：
_____
_____
_____

（续）

经销商战略：向最终用户按需配送完好无损的产品，在主要市场中，24小时内送达客户指定的任何地方

关键指标测量				
4	3	2	1	维持库存平衡
4	3	2	1	95%的交易商订单从库存调出
4	3	2	1	跟踪订单履行时间
4	3	2	1	维持优质服务代表网络，负责设备在全国范围内的配送、安装以及启用
制造商建议：				

销售团队

代表公司并通过个人联系，接触经销渠道或最终用户，说服他们购买产品				
制造商战略：组织其销售团队，支持经销商的销售培训、产品培训、市场计划制定和销售				
关键指标测量				
4	3	2	1	为经销商的所有销售人员提供销售和产品培训
4	3	2	1	为交易商的所有销售人员提供销售和产品培训
4	3	2	1	提供制定市场计划的帮助
4	3	2	1	协助进行经销商或交易商的联合销售拜访
4	3	2	1	开发产品线销售专家
经销商建议：				
经销商战略：组织其销售人员到最优的地理区域和交易商业务覆盖地，接触所有的目标交易商				
关键指标测量				
4	3	2	1	组织业务团队，覆盖所有的制定区域

（续）

4	3	2	1	清晰地定义出寻找新机会的策略
4	3	2	1	提供高效能的销售代表，协助产品专业人员
4	3	2	1	按照交易商区分的业务团队指派任务
4	3	2	1	销售团队对产品和服务有丰富的专业知识

制造商建议：
_____
_____
_____

促销

广告、推销、促销、公关以及其他提高品牌知名度与刺激购买的活动				
制造商战略：在全国范围内的促销。总的关注点是建立用户对最终产品的需求				
关键指标测量				
4	3	2	1	在定位于不同终端用户和交易商的全国性商业期刊进行有效的广告投放
4	3	2	1	参加全国性的商业展示，并产生高质量的引导
4	3	2	1	提供促销储备基金，支持各地的促销活动
4	3	2	1	提供专业的广告和促销材料

经销商建议：
_____
_____
_____

经销商战略：地方性层面的促销。总的关注点是加强和扩展交易商对制造商的忠诚度				
关键指标测量				
4	3	2	1	为年度促销活动制定均衡的预算计划
4	3	2	1	提供效果良好并且频繁的交易商培训会议
4	3	2	1	在当地商业期刊和出版物上刊登广告，以获取潜在客户

（续）

4	3	2	1	参加本地商业和交易展览，以获取潜在客户
4	3	2	1	补助有效的促销活动
4	3	2	1	散布并不断更新产品的宣传手册

制造商建议：
_____
_____
_____

售后保障

制造商提供给最终用户的产品或服务的质量或性能方面的保障

制造商战略：通过高效处理售后保障的承诺，使售后保障期间出现的不便和成本最小化

关键指标测量				
4	3	2	1	提供行业内最强的售后保障
4	3	2	1	对退货的运费补贴
4	3	2	1	10日内解决保障退货和信用问题

经销商建议：
_____
_____
_____

经销商战略：通过高效处理售后保障的承诺，使售后保障期间出现的不便和成本最小化

关键指标测量				
4	3	2	1	填写运输售后保障书
4	3	2	1	尽快处理退货或退款事宜，并且不额外收取运输或处理方面的费用

制造商建议：
_____
_____
_____

服务				
满足客户需要的一些支持活动，这不一定与产品或服务的销售有必要关联				
制造商战略：满足客户需求的高品质技术支持，包括安装、运行、维护和维修等方面的需要				
关键指标测量				
4	3	2	1	执行高品质的工厂服务培训
4	3	2	1	现场服务培训频繁，而且质量高
4	3	2	1	发布简单明了的技术手册
4	3	2	1	提供快速、友好的技术协助
经销商建议： _____ _____ _____				
经销商战略：满足客户需求的高品质技术支持，包括安装、运行、维护和维修等方面的需要				
关键指标测量				
4	3	2	1	促销、安排及协调现场服务会议
4	3	2	1	鼓励参与由服务代表召集的工厂服务会议
4	3	2	1	对本地服务公司提供维护及发放服务展板、手册和技术材料
4	3	2	1	维护高品质的服务代表网络
制造商建议： _____ _____ _____				

经销商会议

可以获取经销商的反馈并增加沟通交流的直接途径比较少，最常用的办法是经销商会议和经销商行动委员会。经销商会议的代表是基于规模、结构和地理等因素选择的经销商代表群体，他们可以很好地代表整个经销商网络的利益。

经销商大会每年要召开一到四次，会议中主要产生对制造商提供的建议，包括如何以最好的方式处理商业事项，比如竞争对手的威胁、共享的销售支持、全国性客户的补贴、购买群体的问题或渠道冲突等。

保证经销商大会的方向很重要，不要让它离题成为关于对制造商的冗长抱怨。为了避免这样一种不希望局面的出现，最好每隔几年就轮换大会成员以及会议的主持者。让经销商大会聚焦于某些特别的议题以及增加最终用户的满意度这一点上非常重要。

经销商行动委员会则是根据指定的议题来提供意见，比如评估经销商培训需求、制定全国性的客户政策或为零件和服务支持制定库存计划。同样，经销商行动委员会也要定期地轮换成员，并让成员进行事前事后的会议讨论，以改进每一次会议的质量和效果。

建立对话的第三种途径是在制造商的年度经销商会议上，特定一个经销商提出建议的时间。此建议部分应该围绕着相关的主题进行组织，比如主要的市场趋势、竞争威胁以及改善产品的新方法。下面四项关键因素有助于更好地提高经销商建议的效率：

1．预先设定会议主题。
2．聚焦于增加最终用户的价值。
3．听取经销商建议，不强加制造商的观点。
4．会议参与者的工作成果要展示，后期采取的行动也要明确。

经销商行动委员会和经销商大会要创造出一个具有良好意愿和良好沟通，为了解决现存问题的新方法以及增加最终用户价值的创造性途径。

思考要点

我们经常运用综合绩效评估吗？
▶ 我们是否与所有的主要经销商都开展过产品绩效检查会议？
▶ 我们是否运用经销商建议会议来刺激双向的沟通交流？

调整

监控的目的是进行适当的调整。调整可以分为四个层次：

1. 第一层次是调整销售预测。
2. 第二层次是调整制造商或经销商的业务计划。
3. 第三层次的调整是更换经销商。
4. 第四层次是调整渠道结构。

销售预测调整

第一层面的调整是改变销售预测，这是一项在经销商网络中普遍进行的管理部分，这也是正常的调整。制造商要从经销商那里收到月度销售绩效，据此来进行预测修正。预测调整主要用于材料、制造、库存管理团队的计划。

规划的调整

第二层面的调整是改变制造或经销的业务计划。举例而言，一个经销商可能会增加销售人员，开展交易商培训事项，执行销售团队的销售激励计划，或者启动为了增加滞后销售业绩的现场库存计划。制造商会选择给经销商提供更多的技术或销售培训，增加协作基金的分配，增加广告，增加区域销售经理拜访的次数，以提供更多的销售服务，或提供直接邮寄业务以渗透到新的市场区域。

另外一个选项是改变经销商的战略，再造经销商的运营计划。再造的一个例子是，在综合经销商中创造出专业经销商部分。此外也可进行其他系统的调整，如在销售业绩下滑时减少成本和管理库存。

渠道成员的增加或替换

第三层面的调整涉及在现有结构内通过取消、增加或替换来改变渠道成员。如果制造商觉得与经销商的关系不再适合继续，对于双方而言最好是取消合约。改变经销商通常是很困难的，因为经销商不会轻易放弃产品的经销权。经销商可能会在不通知制造商的情况下，减少对产品的全力推销，但是经销商会保持销售权，并且只接订单而不在库存、付款优惠、促销或销售努力方面增加投入。

经销商的"萎缩"会损害到制造商。要防止萎缩出现，就要求区域销售经理保持警惕，并作出严厉的行动。取消与经销商的合作，会传递给网络中其他成员一个信号，即制造商不会容忍很差的销售业绩或不努力的经销商。由于法律限制的原因，制造商可以采取另外一个选择，即在竞争激烈的地区增加经销商，由此创造出双经销的形态。具有较好市场适合度的积极的经销商会获胜，绩效不佳的经销商会被淘汰，该区域又会回归到以前唯一经销商的状况。这两种调整方法都应该考虑第 4 章中讨论到的法律和合约事项。

渠道结构的调整

第四层面的调整是对渠道的结构进行改变。结构化改变的例子是通过销售代表而非经销商进行销售，直接销售给规模大的或者全国性的经销商，或者直接向大的交易商或购买团体直接销售，建立新的直接销售渠道，细分新进入的市场。

尽管这些选项可能会增加复杂度，并引起现有渠道关系的冲突，但这可能是实现销售覆盖在关键的新兴市场的唯一出路。这些结构化的改变在第 6 章关于多渠道和混合渠道的讨论中已经提及。绩效监控的结果可能会因此引导你回到渠道重构模型的阶段二或阶段三，创造一个封闭的循环过程，最终创造一个新的起点。

思考要点

我们在绩效监控后是否进行了相关调整，结果怎么样？
- ▶ 我们便用以上所有四个层次的调整了吗？
- ▶ 我们是否愿意在必要的时候通过渠道重构流程？

本章重点

- ▶ 通过经销商的月度监控销售结果，以辨别主要的市场趋势，并且比较经销商的绩效，调整生产进度安排。

- ▶ 监控经销商的活动和变化，掌控经销商的运作过程，同时也尽早发现有关绩效问题的早期警示。
- ▶ 主动进行调整。当问题出现在制造商的监控屏上时，就需要采取修正行动。
- ▶ 在你的经销商／制造商关系中，建立一个双向的绩效评估沟通渠道。
- ▶ 要有这样的准备，随时关注渠道重构流程的每一个阶段，并从多个视角来观察，以协助流程的改造。

注释

1. Reviewing other perspectives on measuring channel performance is advisable. Chapter 10 of Louis W. Stern, Adel I. El-Ansary, and Anne Coughlan, *Marketing Channels* (Prentice Hall, 1996), and Chapter 12 of Lawrence G. Friedman and Timothy R. Furey, *The Channel Advantage* (Butterworth Heinemann, 1999), are useful resources.

关 于 作 者

本书三位作者均任教于美国威斯康星大学麦迪逊分校商学院的管理教育研究所。

琳达·哥乔斯是高级经理人营销课程的负责人,讲授通过经销商进行营销的管理教育课程已经有十余年。对于市场营销中的一系列问题提供培训和咨询服务,并著有《产品经理的第一本书》和《产品经理的第二本书》。在任教威斯康星大学之前,先后在域嘉保险(VEREX Assurance)、温西·布朗出版社(Wm. C. Brown)和利尔·西格勒公司(Lear-Siegler)等企业从事市场管理、市场调研、产品管理/开发和并购等工作。

爱德华·马里恩是供应链、采购和物流管理课程的负责人,为生产商、经销商和第三方供应商的从业人员进行课程讲授。爱德华曾任供应链经济学和企业规划方面的高级经理人,并与业内的高级经理人展开广泛的讨论。他积极参与专业和贸易协会,在国家级和地方级的协会中担任多个职位,有众多著作发表于各类期刊和贸易杂志,且多次被引用。

查克·韦斯特任教于威斯康星大学商学院,是高级经理人销售课程的负责人,同时也是商业高级研究中心的负责人。查克·韦斯特在相关领域具有丰富的经验,自己成立咨询公司并负责公司业务20余年,先后在3M公司负责市场管理、销售管理、销售和市场调研等工作,在霍尼韦尔(Honeywell)公司担任管理顾问,还参与了福特汽车(Ford Motor Company)的销售和市场分析工作。一直以来,他都是美国市场营销协会(American Marketing Association)、销售和市场营销经理人协会(Sales & Marketing Executives)著名的演讲者之一。

会计极速入职晋级

书号	定价	书名	作者	特点
66560	49	一看就懂的会计入门书	钟小灵	非常简单的会计入门书；丰富的实际应用举例，贴心提示注意事项，大量图解，通俗易懂，一看就会
44258	49	世界上最简单的会计书	（美）穆利斯 等	被读者誉为最真材实料的易懂又有用的会计入门书
77022	69	新手都想看的会计入门书	（日）吉成英纪	独创口诀形式，可以唱读；运用资产负债法有趣讲解，带你在工作和生活中活学活用
71111	59	会计地图：一图掌控企业资金动态	（日）近藤哲朗 等	风靡日本的会计入门书，全面讲解企业的钱是怎么来的，是怎么花掉的，要想实现企业利润最大化，该如何利用会计常识开源和节流
59148	69	管理会计实践	郭永清	总结调查了近1000家企业问卷，教你构建全面管理会计图景，在实务中融会贯通地去应用和实践
69322	59	中小企业税务与会计实务（第2版）	张海涛	厘清常见经济事项的会计和税务处理，对日常工作中容易遇到重点和难点财税事项，结合案例详细阐释
42845	30	财务是个真实的谎言（珍藏版）	钟文庆	被读者誉为最生动易懂的财务书；作者是沃尔沃原财务总监
76947	69	敏捷审计转型与超越	（瑞典）托比•德罗彻	绝佳的敏捷审计转型指南，提供可学习、可借鉴、可落地的系统解决方案
75747	89	全面预算管理：战略落地与计划推进的高效工具	李欣	拉通财务与经营人员的预算共识；数字化提升全面预算执行效能
75945	99	企业内部控制从懂到用（第2版）	冯萌 等	完备的理论框架与丰富的现实案例，展示企业实操经验教训，提出切实解决方案
75748	99	轻松合并财务报表：原理、过程与Excel实战（第2版）	宋明月	87张大型实战图表，教你用EXCEL做好合并报表工作；书中表格和合并报表编制方法可直接用于工作实务
70990	89	合并财务报表落地实操	蔺龙文	深入讲解合并原理、逻辑和实操要点；14个全景式实操案例
77179	169	财务报告与分析：一种国际化视角（第2版）	丁远 等	从财务信息使用者角度解读财务与会计，强调创业者和创新的重要作用
64686	69	500强企业成本核算实务	范晓东	详细的成本核算逻辑和方法，全景展示先进500强企业的成本核算做法
74688	89	优秀FP&A：财务计划与分析从入门到精通	詹世谦	源自黑石等500强企业的实战经验；七个实用财务模型
75482	89	财务数字化：全球领先企业和CFO的经验	[英]米歇尔•哈普特	从工程师、企业家、经济学家三个视角，讨论财务如何推动企业转型的关键杠杆
74137	69	财会面试实用指南：规划、策略与真题	宋明月 等	来自资深面试官的真实经验，大量面试真题
55845	68	内部审计工作法	谭丽丽 等	8家知名企业内部审计部长联手分享，从思维到方法，一手经验，全面展现
72569	59	超简单的选股策略：通过投资于身边的公司获利	爱德华•瑞安	简单易学的投资策略，带你找到对你来说有可能赚钱的股票，避免错过那些事后会后悔没买进的好股票
73601	59	逻辑学的奇妙世界：提升批判性思维和表达能力	[日]野矢茂树	资深哲学教授写作的有趣入门书；适合所有想在工作、学习和生活中变得更有逻辑的人
60448	45	左手外贸右手英语	朱子斌	22年外贸老手，买卖外贸成交秘诀，提示你陷阱和套路，告诉你方法和策略，大量范本和实例
70696	69	第一次做生意	丹牛	中小创业者的实战心经；赚到钱、活下去、管好人、走对路；实现从0到亿元营收跨越
70625	69	聪明人的个人成长	（美）史蒂夫•帕弗利纳	全球上亿用户一致践行的成长七原则，护航人生中每一个重要转变

财务知识轻松学

书号	定价	书名	作者	特点
71576	79	IPO财务透视：注册制下的方法、重点和案例	叶金福	大华会计师事务所合伙人作品，基于辅导IPO公司的实务经验，针对IPO中最常问询的财务主题，给出明确可操作的财务解决思路
58925	49	从报表看舞弊：财务报表分析与风险识别	叶金福	从财务舞弊和盈余管理的角度，融合工作实务中的体会、总结和思考，提供全新的报表分析思维和方法，黄世忠、夏草、梁春、苗润生、徐珊推荐阅读
62368	79	一本书看透股权架构	李利威	126张股权结构图，9种可套用架构模型；挖出38个节税的点，避开95个法律的坑；蚂蚁金服、小米、华谊兄弟等30个真实案例
70557	89	一本书看透股权节税	李利威	零基础50个案例搞定股权税收
62606	79	财务诡计（原书第4版）	（美）施利特 等	畅销25年，告诉你如何通过财务报告发现会计造假和欺诈
70738	79	财务智慧：如何理解数字的真正含义（原书第2版）	（美）伯曼 等	畅销15年，经典名著，4个维度，带你学会用财务术语交流，对财务数据提问，将财务信息用于工作
67215	89	财务报表分析与股票估值（第2版）	郭永清	源自上海国家会计学院内部讲义，估值方法经过资本市场验证
73993	79	从现金看财报	郭永清	源自上海国家会计学院内部讲义，带你以现金的视角，重新看财务报告
67559	79	500强企业财务分析实务（第2版）	李燕翔	作者将其在外企工作期间积攒下的财务分析方法倾囊而授，被业界称为最实用的管理会计书
67063	89	财务报表阅读与信贷分析实务（第2版）	崔宏	重点介绍商业银行授信风险管理工作中如何使用和分析财务信息
58308	69	一本书看透信贷：信贷业务全流程深度剖析	何华平	作者长期从事信贷管理与风险模型开发，大量一手从业经验，结合法规、理论和实操融会贯通讲解
75289	89	信贷业务全流程实战：报表分析、风险评估与模型搭建	周艺博	融合了多家国际银行的信贷经验；完整、系统地介绍公司信贷思维框架和方法
75670	89	金融操作风险管理真经：来自全球知名银行的实践经验	（英）埃琳娜·皮科娃	花旗等顶尖银行操作风险实践经验
60011	99	一本书看透IPO：注册制IPO全流程深度剖析	沈春晖	资深投资银行家沈春晖作品；全景式介绍注册制IPO全貌；大量方法、步骤和案例
65858	79	投行十讲	沈春晖	20年的投行老兵，带你透彻了解"投行是什么"和"怎么干投行"；权威讲解注册制、新证券法对投行的影响
73881	89	成功IPO：全面注册制企业上市实战	屠博	迅速了解注册制IPO的全景图，掌握IPO推进的过程管理工具和战略模型
77436	89	关键IPO：成功上市的六大核心事项	张媛媛	来自事务所合伙人的IPO经验，六大实战策略，上市全程贴心护航
70094	129	李若山谈独立董事：对外懂事，对内独立	李若山	作者获评2010年度上市公司优秀独立董事；9个案例深度复盘独董工作要领；既有怎样发挥独董价值的系统思考，还有独董如何自我保护的实践经验
74247	79	利润的12个定律（珍藏版）	史永翔	15个行业冠军企业，亲身分享利润创造过程；带你重新理解客户、产品和销售方式
69051	79	华为财经密码	杨爱国 等	揭示华为财经管理的核心思想和商业逻辑
73113	89	估值的逻辑：思考与实战	陈玮	源于3000多篇投资复盘笔记，55个真实案例描述价值判断标准，展示投资机构的估值思维和操作细节
62193	49	财务分析：挖掘数字背后的商业价值	吴坚	著名外企财务总监的工作日志和思考笔记；财务分析视角侧重于为管理决策提供支持；提供财务管理和分析决策工具
74895	70	数字驱动：如何做好财务分析和经营分析	刘冬	带你掌握构建企业财务与经营分析体系的方法
58302	49	财务报表解读：教你快速学会分析一家公司	续芹	26家国内外上市公司财报分析案例，17家相关竞争对手、同行业分析，遍及教育、房地产等20个行业；通俗易懂，有趣有用
77283	89	零基础学财务报表分析	袁敏	源自MBA班课程讲义；从通用目的、投资者、债权人、管理层等不同视角，分析和解读财务报表；内含适用于不同场景的分析工具